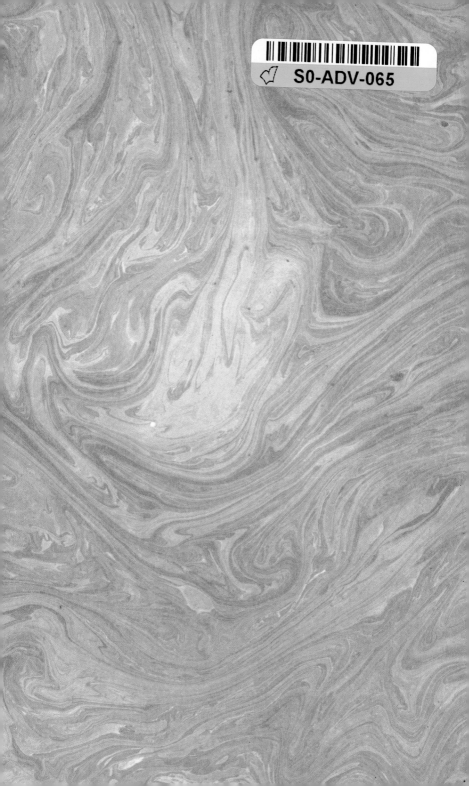

HITLER

Colección
Grandes Biografías

© EDIMAT LIBROS, S.A.
C/ Primavera, 35 Pol. Ind. El Malvar
Arganda del Rey - 28500 (Madrid) España
www.edimat.es

Título: *Hitler*
Diseño de cubierta: *Juan Manuel Domínguez*

Dirección de la obra:
FRANCISCO LUIS CARDONA CASTRO
*Doctor en Historia por la Universidad de
Barcelona y Catedrático*

Coordinación de textos:
MANUEL GIMÉNEZ SAURINA
MANUEL MAS FRANCH
MIGUEL GIMÉNEZ SAURINA

ISBN: 84-8403-866-1
Depósito legal: M-29693-2003

Imprime: *LAVEL Industria Gráfica*

IMPRESO EN ESPAÑA - PRINTED IN SPAIN

INTRODUCCIÓN

No creemos que haya nada mejor, como Introducción a una biografía de Adolfo Hitler, que el principio de su obra, la tan conocida *Mein Kampf* («Mi lucha»), donde ya aporta una explicación (naturalmente, la suya) a su fanático nacionalismo alemán.

Muy útil me resulta hoy el capricho del destino al disponer que Braunau del Inn fuese el lugar de mi nacimiento. Esta pequeña localidad se encuentra en la frontera entre los dos Estados alemanes cuya reunión constituye una empresa que nosotros, los jóvenes, miramos como digna de llevar a cabo consagrándole todos los recursos que estén a nuestro alcance.

El Austria alemana tornará al seno de la gran Patria germana, pero ello no ocurrirá por razones económicas. ¡No, no! Aun cuando la reunión fuera contemplada desde este punto de vista, una cuestión indiferente, más todavía: aunque fuese perjudicial, tiene que venir. La comunidad de sangre exige la nacionalidad común. El pueblo alemán no tendrá derecho a encarar una política colonial en tanto resulte impotente para reunir a sus propios hijos en un Estado común.

Mientras no habite dentro de los confines de la Nación hasta el último alemán, mientras aquélla no posea la certeza de que puede alimentar a todos sus ciudadanos, mientras su propio pueblo padezca necesidades, Alemania carecerá de derechos morales para adquirir territorios en el extranjero. Es así como la pequeña población fronteriza se convierte para mí en el símbolo de una gran empresa.

¿No somos iguales a todos los demás alemanes? ¿No es, por ventura, menester que nos unamos?

Este problema comenzó a bullir en mi cerebro de niño. En respuesta a mis tímidas preguntas, me vi obligado, con secreta envidia, a aceptar el hecho de que no todos los alemanes podían tener la dicha de pertenecer al Imperio de Bismarck.

No quise ser funcionario. Ni las homilías ni la más persuasiva de las argumentaciones sirvieron para vencer mi repugnancia. Todo intento de citar el ejemplo de mi padre para despertar mi amor o mi vocación hacia aquel oficio producía efectos diametralmente opuestos. La idea de tener que permanecer sentado en una oficina, de no poder ser dueño de mi propio tiempo, y de consumir mi existencia llenando fórmulas, se me antojaba odiosa e inconcebible.

Hoy, al pasar revista al efecto que produjeron en mí todos aquellos años, advierto dos hechos que se destacan con relieve propio: primero, me convertí en nacionalista, y segundo, aprendí a ver y comprender la Historia en su sentido verdadero.

La antigua Austria era un Estado compuesto por muchas nacionalidades.

Siendo relativamente joven tuve ocasión de participar en una lucha de nacionalidades en la antigua Austria. Teníamos una sociedad escolar y expresábamos nuestro sentir por medio de ramas de aciano de los colores negro, rojo y oro. Había vítores y cantábamos el Deutschland über alles *con preferencia al* Kaiserlied *austriaco, pese a los castigos.*

De esta manera, la juventud era educada políticamente a una edad en que el súbdito del llamado Estado Nacional sabe muy poco, por lo general, acerca de su nacionalidad, exceptuando su lenguaje. Salta a la vista que ni aun entonces podía yo contarme entre los indiferentes. Pronto me transformé en un fanático nacionalista alemán.

(...)

Ya entonces advertí las deducciones que fluían de todo esto: amor acendrado hacia mi patria austro-alemana y odio profundo hacia el Estado austriaco.

La elección de un oficio habría de resolverse con más rapidez de la que yo me figuraba. La pobreza y la triste realidad me forzaron a adoptar una rápida decisión. Los recursos escasos de mi familia se habían agotado como consecuencia de la grave enfermedad de mi madre; la pensión que, como huérfano me correspondía, no alcanzaba para vivir, de modo que era forzoso ganarme de cualquier modo la subsistencia.

Con fiera voluntad en el corazón, y en la mano una maleta que contenía trajes y ropa interior, me dirigí a Viena. Esperaba poder detener la mano del hado adverso, tal como había hecho mi padre cincuenta años antes. Yo quería ser algo, cualquier cosa, menos funcionario.

Al morir mi madre fui a Viena por tercera vez y permanecí allí algunos años.

Quería ser arquitecto y como las dificultades no se dan para capitular ante ellas, sino para ser vencidas, mi propósito fue vencerlas poniéndome como ejemplo a mi padre, que de humilde muchacho aldeano logró llegar a ser un día funcionario del Estado.

Desde luego, las circunstancias me eran mucho más propicias, y lo que entonces me pareció una rudeza del destino lo considero hoy como una sabia medida de la providencia. En brazos de la diosa miseria y amenazado más de una vez de verme obligado a claudicar, creció mi voluntad para resistir, hasta que triunfó esa voluntad. Debo a aquellos tiempos mi dura resistencia de hoy y la inflexibilidad de mi carácter. Pero más que a todo eso, doy todavía un valor mayor al hecho de que aquellos años me sacaron de la vacuidad de una vida cómoda para arrojarme al mundo de la miseria y de la pobreza, donde debía conocer a aquellos por quienes lucharía después.

7

En aquella época tuve que abrir también mucho los ojos frente a dos peligros... que nunca pude pensar que llegasen a tener tan espeluznante trascendencia para la vida del pueblo alemán: el marxismo y el judaísmo.

La ciudad de Viena... significa para mí... tan sólo el vivo recuerdo de la época más amarga de mi vida... Cinco largos años en los que trabajé primero como peón y luego como ayudante de pintor para ganarme así el miserable sustento diario... Fue el hambre mi más fiel guardián...

Y, sin embargo, aprendí en ese tiempo muchísimo más que en cualquier otra época de mi vida.

Los libros me deleitaban, y leía mucho y concienzudamente en todas las horas libres de que disponía. Así pude en pocos años cimentar los fundamentos de una preparación intelectual de la cual me sirvo actualmente.

... En Viena comprendí que siempre existió la posibilidad de encontrar empleo, si bien esa posibilidad desaparecía con idéntica facilidad con que era conseguido. La inseguridad de ganarme un jornal diario me pareció una de las mayores dificultades de mi nueva vida. Es bien cierto que el obrero especializado no es despedido de su trabajo tan fácilmente como uno que no lo es; pero tampoco está exento de correr el mismo albur.

Yo también hube de experimentar en mi propia carne los efectos de ese destino en una gran urbe y saborearlos moralmente, y aun me fue dado algo más que observar: la alternativa brusca entre la ocupación y la falta de trabajo y la consiguiente eterna fluctuación entre los ingresos y los gastos, que destruye en muchos, a la larga, el sentido de la economía, así como la noción para un sistema razonable de vida.

Bibliografía

BRACHER, KARL D.: *La dictadura alemana*, Alianza, Madrid, 1973.

BULLOCK, A.: *Hitler*, Grijalbo, Barcelona, 1966.

COLLOTI, ENZO: *La Alemania nazi*, Alianza Editorial, Madrid, 1972.

GISEVIUS, H. B.: *Adolf Hitler*, Círculo de Lectores, Barcelona, 1970.

GOEBBELS, J.: *Diario*, Plaza y Janés, Barcelona, 1979.

GORLITZ, W.: *Hitler*, International Books Creation, S. A., Bilbao, 1982.

GORLITZ, W. y QUINT, H. A.: *Adolfo Hitler*, Caralt, Barcelona, 1955.

GRUMBERG, CARL: «El siglo XX», *Historia Universal Daimon*, Ed. Daimon, Manuel Tamayo, Madrid, 1973.

— *Crónica del siglo XX*, Plaza y Janés, 1987.

HEIBER, HELMUTH: *El Tercer Reich*, Plaza y Janés, Barcelona, 1963.

HITLER, A.: *Mi lucha*, Editors, S. A., Barcelona, 1989.

— *Conversaciones sobre la guerra y la paz*, Caralt, Barcelona, 1969, 2 vols.

KIRST, H. H.: *La Conjura*, Plaza y Janés, Barcelona, 1967.

KLEIST, P.: *Entre Hitler y Stalin*, A. H. R., Barcelona, 1953.

MASER, W.: *Hitler*, Acervo, Barcelona, 1974.

NOLTE, ERNST: *La crisis del sistema liberal y los movimientos fascistas*, Península, Barcelona, 1971.

— *Historia 16-Siglo XX*, «Historia Universal», núm. 13.

— *El terremoto nazi,* núm. 17, «La derrota nazi», Madrid, 1983.

PABÓN, J.: *Los virajes hacia la guerra, 1934-1939*, Madrid, 1946.

PIEKER, H.: *Anatomía de un dictador. Hitler. Conversaciones de sobremesa en el cuartel general del Führer, 1941-1942*, Grijalbo, Barcelona, 1965.

VON SCHLABRENDORFF, F.: *Oposición bajo Hitler*, Cid, Barcelona, 1967.

SHIRER, W. L.: *Auge y caída del III Reich*, Caralt, Barcelona, 1962.

TOLSTOY, NICOLAI: *La noche de los cuchillos largos*, San Martín, Madrid, 1975.

TOYNBEE, A.: *La Europa de Hitler*, Barcelona, 1955.

TREVOR-ROPER, H. R.: *Los últimos días de Hitler*, Janés, Barcelona, 1957.

Adolfo Hitler, jefe supremo del III Reich.

CAPÍTULO I

EL NACIMIENTO DE UN NIÑO

Si en todas las grandes biografías resulta interesante conocer los primeros años, la niñez, la adolescencia, del personaje biografiado, a fin de comprender mejor sus acciones posteriores en la edad adulta, cuando un individuo cobra todo su valor, ofrece toda su personalidad y deja huella perenne en la Historia, esto se aplica en mayor medida a Adolfo Hitler, cuya personalidad, tan negativa como se quiera, tremendamente nefasta para toda la humanidad, fue desarrollándose ya en sus primeros años.

Adolfo Hitler no era alemán, como su mal entendido amor a la nación alemana pudiera hacer creer, sino austriaco. Vio la primera luz, en efecto, en la población de Braunau, en Austria, y en la posada Zum Pommer, el día 20 de abril del año 1889.

El lunes de Pascua siguiente, a las tres de la tarde, fue bautizado dentro del catolicismo por el sacerdote Ignaz Prost, el cual le impuso el nombre de Adolfo. ¿Lloró acaso aquel niño cuando recibió el agua bendita? Aquel ser que unos cincuenta años más tarde ordenaría impertérrito la muerte de millones de judíos y promovería una guerra mundial sin precedentes, hundiendo al mundo en el más espantoso de los caos, es posible que llorase en su bautizo.

Esto es completamente cierto. Nos referimos a su nacimiento y posterior bautismo. Pero a partir de ahí empiezan ya las dudas acerca de los orígenes de los ascendientes de

Hitler. Dudas a las que él mismo dio pábulo al hablar muy poco de sus padres y sus antepasados en su magna obra *Mein Kampf.*

Braunau

El pueblecito de Braunau, donde viera la luz por primera vez Adolfo Hitler, se encuentra a dos horas de distancia de la frontera entre Baviera y Austria, junto a la desembocadura del Salzach. Braunau había pertenecido, unos ciento cincuenta años antes del nacimiento de Hitler, a Baviera, hasta que fue cedido a Austria con la orilla derecha del Inn. Su antigua torre de entrada atestigua el origen alemán de este pueblo.

El nombre de Braunau se incorporó hace aproximadamente un siglo a la historia alemana. Un monumento evoca la suerte sufrida por un héroe fusilado por orden de Napoleón. Se trataba del librero alemán Palm, de Núremberg, que murió el 26 de agosto de 1806 en aras de una Alemania independiente y que puso su honor y su fe por encima de su libertad. Eran los tiempos en que Napoleón podía seguir su carrera victoriosa a través de Alemania. Mas, a pesar de esto, surgieron hombres dispuestos a levantar los ánimos caídos y a disputar el terreno a los conquistadores. Uno de estos hombres fue el librero Palm, quien redactó un folleto titulado «Alemania en su más profundo envilecimiento». Él mismo había editado ese manifiesto y lo había difundido sin citar a su autor. Palm rehusó delatar el nombre de su compañero, pero fue traicionado por un alemán a los franceses.

El monumento de Braunau aviva el recuerdo de aquel patriótico sacrificio, aunque hoy en día se recuerda más en Braunau a Adolfo Hitler.

Datos biográficos del padre de Adolfo Hitler

Los padres de Hitler fueron Alois Schickgruber-Hitler, y Klara Pölzl. Resulta muy interesante e incluso ilustrativa la vida de Alois, padre de Adolfo Hitler, porque es seguro que la misma influyó de modo decisivo en el desarrollo del que llegó a ser llamado «el mayor tirano de la humanidad».

Alois Schickgruber-Hitler nació en 1837, siendo hijo ilegítimo de Maria Anna Schickgriber, en Strones, Döllersheim. Después del matrimonio de su madre con Johann Georg Hiedler, pasó gran parte de su infancia y juventud en la región fronteriza de Spital, en casa de Johann Nemopuceno Hüttler.

Desde 1851 a 1855, Alois estuvo como aprendiz de zapatero con su pariente Ledermüller, primero en Spital y después en Viena, adonde llegó en 1853. Allí entabló amistad con los aduaneros de Spital y la comarca.

En 1855 ingresó en la comisaría de Hacienda, tal vez como consecuencia de su amistad con dichos aduaneros. Y en 1860 fue trasladado a Wels, Linz. Éste fue un cargo importante en su carrera. Mientras tanto, Alois iba formándose una educación de carácter autodidáctico. En 1861 logró el primer ascenso.

En 1862, nuevo traslado, esta vez a Saalfelden, Salzburgo. En 1864, nuevo ascenso y nuevo traslado a Linz. Allí ingresó en el servicio de Aduanas con rango de funcionario. Y en 1870 es promocionado a ayudante de control. La delegación de Hacienda de Linz le nombra recaudador en el puesto auxiliar de Aduanas «Mariahilf», en Passau.

Llegamos a 1871, cuando le nombran inspector del puesto auxiliar de Aduanas de primera clase en Braunau am Inn. Debido a su gran personalidad, a su indudable inteligencia y a sus amplios conocimientos, Alois Schickgruber, pese a no tener más que la enseñanza primaria, va ascendiendo tan deprisa como sus colegas que cuentan con el título de bachiller.

Fue ya en 1873 cuando se casó con Anna Glassi, hija de un funcionario de Aduanas y 14 años mayor que él. En 1876, debido a razones ligadas a su ilegitimidad, cambia su apellido de Schickgruber por el de Hitler, de manera oficial. Este apellido tiene muchas concomitancias, naturalmente, con el de Hiedler, de su padastro Johann Nepomuceno, y también con el apellido Hüttler, de éste, puesto que en realidad este último apellido se pronuncia casi igual que Hitler, pues la *ü* se pronuncia como una u francesa.

Hacia 1880 mantuvo relaciones amorosas con una joven de diecinueve años, llamada Franziska Matselzberger. Anna Glassi pidió la separación matrimonial, y Hitler empleó a Franziska como ama de llaves en su casa. El día 13 de febrero de 1882 nació el hijo ilegítimo Alois, de Franziska y Alois, padre.

En 1883 falleció la esposa legítima de Alois, Anna Glassi, y Alois se casó con Franziska. En aquel mismo año nació Ángela, madre de la que más adelante fue amante de Adolfo Hitler.

Franziska también tuvo poca suerte, puesto que murió el 10 de agosto de 1883, de tuberculosis. Klara Pölzl, amiga de la familia, había tenido que ver ya con Alois, y es muy posible que ya estuviese embarazada cuando falleció su amiga Franziska.

En 1884, Alois pretendió casarse en terceras nupcias con Klara Pölzl, pero aunque se le consideraba hijo de Johann Georg Hiedler, la dispensa no le resultó fácil de obtener, por cuestiones de parentesco. Al fin logró allanar las dificultades y el matrimonio tuvo efecto. El 17 de mayo de 1885 nació Gustavo Hitler, poco antes de casarse él con Klara. De este tercer matrimonio nacieron los siguientes hijos:

Gustavo Hitler, Ida Hitler y Otto Hitler, todos ellos fallecidos en la infancia. A continuación nacieron Adolfo Hitler, en 1889, Edmund Hitler, en 1894, que vivió hasta 1900, y Paula Hitler, que nacida en 1896, vivió hasta 1960.

Siguiendo con la biografía resumida de Alois Hitler, éste se jubiló por enfermedad en 1895, cobrando la pensión completa. Y fue en 1903 cuando falleció, siendo enterrado en Leonding.

Un testamento extraño

No nos referimos al de Alois Schickgruber-Hitler, sino al de Johann Nepomuceno Hüttler, individuo que gozaba de una buena posición, y que llevaba ya 35 años retirado en su finca de Spital, ocupado en la grata tarea de concertar casamientos y de adquirir para sus familiares la única posada de Spital.

Johann Nepomuceno murió el 17 de septiembre de 1888, y cuál no sería la sorpresa de sus probables herederos cuando vieron que en el testamento se consignaba que no tenía ningún bien de fortuna. Resultó entonces evidente que el difunto había entregado, poco antes de su muerte, todo su dinero a Alois Hitler, contra cuya decisión no pudieron impugnar los verdaderos herederos por la sangre, Walburga, hija de Johann Nepomuceno, y el marido de ésta, Josef Rommeder.

Ningún documento permite asegurar con exactitud si Alois recibió ese dinero, pero lo cierto es que el mismo año en que falleció Johann Nepomuceno, Alois le compró a Franz Weber una casa en Wörnhart, pueblecito próximo a Spital, con establo, granero, un patio amplio, jardín y huerto, por valor de unos 5.000 florines.

CAPÍTULO II

INFANCIA Y JUVENTUD
DE ADOLFO HITLER

Al nacer Adolfo en 1889, su padre Alois contaba cincuenta años, y su madre Klara sólo veintiocho. Además, Alois no sólo era mucho mayor, pues, que Klara, sino que poseía un carácter brusco, áspero, malhumorado e irrazonable a veces.

Adolfo Hitler, en su *Mein Kampf*, trató de presentarse a sí mismo como hijo de la pobreza y de las privaciones. Así dijo: «La pobreza y la triste realidad me forzaron a adoptar una rápida decisión».

Lo cierto es que en esto Hitler mintió. En realidad, como hemos visto, su padre gozaba más bien de una posición desahogada, y al chico le dio todas las ventajas de una buena educación. Ya es bien sabido que todos los padres, particularmente cuando sus estudios han sido menguados, desean lo mejor para sus hijos, sobre todo, unos estudios lo más superiores posible. Pues bien, Alois Hitler no escapó a esta regla general, y así, tras los cinco años de estudios primarios, Adolfo, a los once, entró en setiembre de 1900 en el Linz Realschule. Era un instituto especializado en la educación de carreras técnicas o comerciales.

Cuando Alois falleció en 1903, su viuda continuó percibiendo la pensión de aquél, por lo que tampoco fueron muchas las privaciones de la familia.

Adolfo abandonó el instituto de Linz en 1904, no por falta de dinero en su casa sino porque sus notas eran tan bajas que tuvo que aceptar ser trasladado a otro colegio de Steyr, donde terminó sus estudios a los dieciséis años de edad. Un año antes, el domingo de Pentecostés de 1904, recibió la confirmación como católico en la Catedral de Linz, por deseo de su madre.

Sin embargo, a los doce años, Adolfo Hitler se había propuesto ya un inmutable objetivo de vida, al que permaneció fiel hasta que el destino le negó su aprobación. Como su padre no había logrado alcanzar un empleo del estado hasta muy entrado en años, deseaba para su hijo, joven todavía, como felicidad máxima y completa, una posición semejante a la suya. Pero Adolfo no quería seguir los pasos de su padre, sino que quería ser pintor.

Hitler, en su obra *Mein Kampf*, destaca el hecho de que sus relaciones con su padre fueron tensas cuando le manifestó que ansiaba ser artista.

> *No deseaba dedicarme al servicio civil. Ni la persuasión más intensa ni las peores amenazas consiguieron quebrantar este anhelo. Un día comprendí que debía ser pintor, es decir, artista. Mi padre se quedó estupefacto: «¿Un pintor? ¿Un artista?», exclamó. Se extrañaba de que yo pudiera estar totalmente cuerdo. Pensó no haber oído bien o no haber entendido mis palabras. Pero cuando le expuse mi idea y vio que mi decisión era seria, se opuso a ella con la tozudez que era una característica de su personalidad. «¿Artista! ¡Nunca, mientras yo viva!» En este instante se empató nuestra disputa. Mi padre no abandonó su «nunca», en tanto yo afirmaba más mi «a pesar de todo y de todos».*

Sin embargo, todo esto puede ser gratuito, fruto de la imaginación desbocada de Hitler, puesto que cuando su padre falleció él sólo contaba catorce años y es difícil creer que, caso de haberle manifestado sus ansias de ser artista, su padre le hubiese tomado demasiado en serio. De todos modos, es casi seguro que las relaciones con su padre fueron bastante tensas, siendo más acertado suponer que ello se debiese a la baja calificación obtenida en el instituto.

Hitler, a este respecto, buscó toda clase de excusas para tan baja puntuación, desde la enfermedad y tiranía de su padre hasta los avatares políticos de la época, y sus anhelos artísticos.

El chico tenía talento para la pintura y aprendía con facilidad. Aficionado a los dibujos y con gran sentido para los asuntos prácticos había logrado, como se ha indicado antes, que su padre lo matriculara en el instituto de Linz, en lugar de mandarlo al Liceo con sus asignaturas clásicas, pues la familia se había trasladado a Leonding, cerca de la hermosa ciudad de Linz, donde podía encontrar mejores centros culturales.

En sus ratos de ocio, el joven recibía clases de canto en la Congregación coral de Lambach. Así tuvo oportunidad de participar en fiestas religiosas, y fue germinando en su corazón la misma ilusión que se había forjado su padre en su juventud: llegar a ser una personalidad eclesiástica. Pero en el hijo este deseo no tardó tanto en borrarse como en el padre.

Como suele suceder entre muchachos, Adolfo Hitler y sus compañeros de juego de su misma edad se entretenían jugando a los soldados. Pero, más que un pasatiempo normal, Hitler veía un valor educativo en este juego. Se entregó así a la lectura de una obra publicada en dos tomos sobre la guerra franco-alemana de 1870-71, que había encontrado entre los libros de su padre. Lo que más le impresionó fueron los grabados. De esta forma se enteró de la derrota francesa por la unión de las estirpes germánicas, y la fundación por Bismark del Imperio alemán. Como sea que Adolfo no tenía duda alguna de que tanto su padre como su madre pertenecían al tronco germánico, no podía entender cómo no habían participado en aquella guerra tanto su padre como los demás hombres de su país. Este primer contacto con la historia germana le hizo reconocer que todos los alemanes, dentro o fuera de las fronteras del Reich, debían formar un único núcleo, ya que era evidente para él que «una misma sangre requería un único reino».

Por aquella época, la Historia fue la asignatura predilecta de Adolfo Hitler. De esta forma, se aficionó también al estudio de los acontecimientos contemporáneos, preocupándose, años después, por los asuntos políticos. Además de la Historia, sus preferencias se decantaban por la Geografía. Esta ciencia no fue para él como para muchos una asignatura árida, sino que vio en ella un elemento poderoso que le ayudó a comprender la suerte del Imperio austro-húngaro. Pronto se convenció de que la existencia de aquel imperio corría peligro, amenazada de descomposición por no ser un solo pueblo de fronteras cerradas y tampoco un Estado unido con el Gobierno central en Viena. El hecho de que fuera una mezcolanza abigarrada de pueblos sin lazo de unión alguno, hacía pensar en la probabilidad de que el gran imperio no podría rehacerse después de la Guerra Europea. Únicamente una cuarta parte de su población eran alemanes; el resto eran eslavos, checos, polacos, húngaros...

No obstante, todo esto que comprendió tan bien a sus dieciocho años, en su época infantil era muy confuso para Adolfo. A pesar de esto, esta idea borrosa le impelía a interesarse por los acontecimientos, hasta despertar en él, luego, el deseo de intervenir en la política alemana.

Por otro lado, a Hitler también le interesaron mucho el teatro y la ópera, sobre todo la música alemana.

Contaba Adolfo Hitler doce años cuando fue por primera vez en su vida a una función de teatro: *Guillermo Tell*. Desde entonces, su pasión por la Historia ya no encontró límites.

Sin embargo, el gusto por la historia, la música y el teatro no borró su afición al dibujo y a la escultura; de esta forma, iba perfeccionando su habilidad de dibujante, sobresaliendo sin grandes esfuerzos entre sus compañeros, hasta entusiasmarse por el dibujo arquitectónico.

Muchos años más tarde, en las sesiones y conferencias de su Cuartel General, recordó en varias ocasiones a los profesores

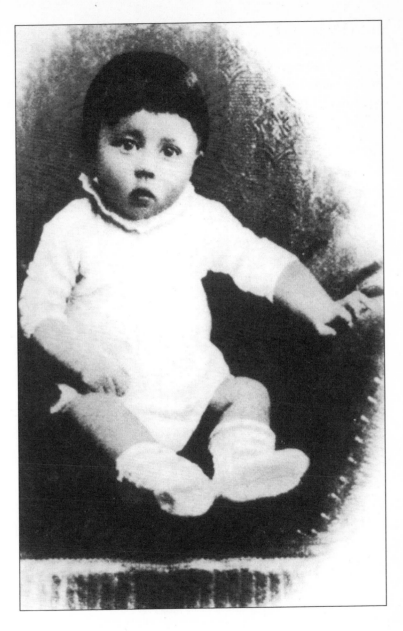

Hitler, cuando contaba con pocos meses de edad.

de su juventud, demostrando su gran desagrado y desapego hacia ellos.

Sus maestros, por su parte, tampoco tenían una gran opinión de aquel discípulo, a juzgar por las palabras de uno de aquéllos, el profesor Eduardo Hümer, quien durante el proceso de 1923 dio el siguiente retrato del joven:

> *Recuerdo perfectamente a ese muchacho delgado y de tez pálida. Su talento era muy definido, aunque en un terreno harto reducido. Su disciplina, además, era intolerable, pues era notablemente pendenciero, arrogante, obstinado y con muy mal talante. Tenía dificultades para adaptarse a las normas del colegio. Además de esto, era muy flojo... Su entusiasmo por las tareas pesadas se evaporaba rápidamente. Reaccionaba con hostilidad disimulada y enfermiza a los consejos y reproches, y al mismo tiempo exigía de sus compañeros un servilismo ciego, enorgulleciéndose de su papel de jefe...*

En estas palabras se adivina ya al futuro Hitler, el ególatra, el tirano, el asesino de millones y millones de seres humanos, no sólo en los campos de concentración, sino en los campos de batalla y, para mayor horror, en las ciudades abiertas.

Hitler sólo habló bien de uno de sus profesores, y así, en *Mein Kampf* alaba al doctor Leopoldo Pötsch, ardiente nacionalista alemán, que ejerció un gran influjo sobre su alumno.

> *Nos hallábamos allí sentados* –dice Hitler en su obra– *llenos de entusiasmo, a veces emocionados hasta el llanto... El fervor nacionalista que experimentábamos a nuestra simple y propia manera, lo empleaba él como un arma para nuestra educación. Sólo porque tuve un maestro como él, la Historia llegó a ser mi disciplina favorita.*

Finalmente, una enfermedad hizo que terminase sus estudios, cosa que acogió con cierta alegría. Lo que hasta entonces había aprendido, mal que bien, le permitía solicitar el ingreso en la Academia de Bellas Artes de Viena.

De pronto, ve que puede lograr aquello que su padre tanto le había prohibido. Pero lo intenta sin prisas, y como le resulta imposible tratar de matricularse para el curso de 1905, no se presenta hasta el año siguiente, en otoño. Es, pues, en mayo de ese año cuando Hitler se trasladó a Viena, dando un giro a su existencia.

De los dieciséis a casi los diecinueve años, al parecer, lo cierto es que Hitler no hizo otra cosa que haraganear y vivir a costa de su madre, que lo mimaba.

Hitler había roto las relaciones con sus condiscípulos, es más, huía de ellos, pues desde su fracaso en cuarto de educación general básica con dos «insuficientes» en alemán y matemáticas en el colegio de la ciudad de Steyr, esos encuentros le desazonaban y con razón. Sus ambiciones no satisfechas desde pequeño le inspiraron un profundo odio a la sociedad y como contrapeso a su complejo de inferioridad desencadenado por los mimos de su madre o viceversa (complejo de Edipo), le inspiraron un profundo odio a la sociedad y una egoísta supervaloración de sí mismo, que pronto se convirtió en enfermiza. La disciplina personal le resultaba intolerable; perezoso en la escuela primaria poco cambió desde la infancia.

Ávido de prosélitos ya desde su juventud, conoció en el teatro de Linz al hijo de un tapicero, unos meses mayor que él, pero de inteligencia inferior a la suya. Era, por lo tanto, el amigo ideal. Al atardecer, Hitler iba a buscarlo al taller de su padre, con el cual trabajaba como aprendiz, y a continuación ambos jóvenes paseaban o se sentaban en cualquier sitio.

Entonces, Hitler exponía con largos monólogos sus fantasías y sensaciones cotidianas, mientras el otro escuchaba con estoica paciencia como si fuera un auditorio del que se exigía un asentimiento metódico, gesto éste que al amigo tampoco le costaba demasiado, pues oía por primera vez la mayoría de las cosas que preocupaban al ex alumno de la Realschule. Según Helmut Heiber, el verdadero Hitler de Linz no fue ni por asomo un hambriento hijo de un proletario, sino, antes bien, un niño de papá consentido y mimado, casi un dandi según descripciones de la época: «Sombrero negro de ala ancha, guantes de glasé también negros, bastón con empuñadura de marfil, chaqueta y abrigo —en invierno— con forro de seda, todo igualmente negro».

¡Qué diferencia con el Hitler que dos años más tarde pasaría la noche al raso en Viena, según propia descripción!*

---

* Sobre la psicología de los dictadores, recomendamos la obra de GUSTAV BYCHOWSKI *Dictadores*, Ed. Mateu, Barcelona, 1963.

CAPÍTULO III

HITLER, EN VIENA

Hitler marchó a Viena en mayo de 1906, y allí estuvo todo el mes y el siguiente visitando los museos y los monumentos principales de la hermosa capital de Austria. De repente, no obstante, decidió no presentarse a los próximos exámenes, sino aguardar al año siguiente. Durante aquella primera visita, Hitler entró, realmente, en contacto con la música de Ricardo Wagner, del que al momento fue un ferviente admirador, admiración que mantuvo toda su vida. Veía en Wagner al representante musical del nacionalismo alemán, sin tener en cuenta, o tal vez olvidando, adrede, que Wagner, además de buen alemán, había sido una persona eminentemente liberal, enemiga de guerras y tiranías de cualquier clase.

Es muy posible, se dice, que la vista de los bellos monumentos arquitectónicos de Viena le hiciese perder parte de la seguridad en sí mismo. Pero no ingresar en la Academia también pudo deberse a cierta innata holgazanería, a un afán de libertad que la disciplina de la Escuela de Arte le impediría gozar.

En Linz, su madre enfermó de gravedad y tuvo que someterse a una intervención quirúrgica en manos del doctor Karl Urban, el cual diagnosticó un pequeño tumor maligno en el músculo pectoral. Klara se recuperó de la operación, pero sólo vivió once meses más. De todos modos, siempre hizo cuanto pudo por ocultarle su verdadero estado a Adolfo, y cuando falleció lo hizo con la seguridad de que su hijo «seguiría su camino por la vida como si sólo él existiese en el mundo».

El gran amigo de Adolfo Hitler, Kubizek, visitó a Klara a finales del verano de 1907, cuando Adolfo estaba en Viena para pasar el examen de ingreso en la Academia de Bellas Artes, y pensó que la mujer estaba muy grave. Kubizek, respecto a esa visita, escribió más adelante:

> *La vi más preocupada que nunca. Tenía los ojos velados y su voz parecía ausente y resignada. Supuse que, aprovechando la ausencia de Adolfo, se había abandonado por completo. Su aspecto era más débil y enfermizo que en ninguna otra ocasión. Para no causarle ninguna preocupación a su hijo, había hecho todo lo posible por ocultarle su estado. Pero ahora, al verla sola, me pareció una mujer vieja y enferma.*

¿Se habría preocupado Hitler de haber sabido la verdad acerca de su madre enferma y desvalida? Mucho nos tememos que no.

Artista fracasado

Decididamente, Hitler se marchó a Viena en septiembre de 1907, para pasar el examen de ingreso en la Academia General de Pintura de Bellas Artes. «Se puso en camino con una gran cantidad de dibujos, convencido de poder superar el examen con facilidad».

A este examen se refirió detalladamente Josef Greiner, uno de las mejores biógrafos de Hitler, asegurando que había realizado tal examen muy poco antes que Adolfo.

Hitler llegó, por lo tanto, lleno de confianza en sí mismo y en sus dotes como dibujante y pintor, a la Plaza de Schiller, donde se hallaba ubicada la Academia, a fin de someterse a un examen que muchos, la inmensa mayoría, consideraban tremendamente difícil. Allí había ya otros 112 candidatos al ingreso. El primer ejercicio ya demostraba que la Academia, de una rancia tradición, no sólo esperaba de los examinados un gran talento sino también una enorme habilidad. Los «ejercicios de composición» incluían una serie de temas que a los pintores en ciernes ya debían inspirarles un gran temor.

El primer día de examen, siempre según Greiner, los temas a elegir eran:

1. Expulsión del Paraíso: Primavera; Caza; Lluvia; Muerte; Obreros de la construcción.

2. Regreso del hijo pródigo: Huida; Verano; Leñadores; Tristeza; Fuego.

3. Caín mata a Abel: La vuelta al hogar; Otoño; Carreteros; Alegría; Noche de luna.

4. Adán y Eva hallan el cadáver de Abel: Despedida; Invierno; Pastores; Baile y tormenta.

Los temas del segundo día fueron los siguientes:

1. Emboscada; Episodio del Diluvio; Amanecer; Labradores; Música; Oración.

2. Los Reyes Magos; Persecución; Mediodía; Mendigos; La adivina; El accidentado.

3. El buen samaritano; El peregrino; Fin de la jornada; Pescadores; Narradora de cuentos; Buscador de tesoros.

4. Sansón encadenado; Paseo; Esclavos; Noche; Paz; El profesor.

No se sabe, sin embargo, qué grupo eligió Hitler ni quién le examinó. De todos modos, y esto es sumamente importante, se sabe que aprobó esta parte del examen, donde fracasaron otros treinta y tres aspirantes.

Acto seguido, los examinados debían presentar un dibujo de prueba, con obras de creación libre. Hitler presentó sus dibujos de Urfahr y Linz. Como en dichos dibujos había muy pocas cabezas, su examinador no le admitió a ingreso. Y en las Actas de la Academia se lee lo siguiente:

> *Adolfo Hitler, nacido en Braunau/Inn, Alta Austria, el 20 de abril de 1889, alemán, padres católicos. Padre, funcionario real e imperial superior. Dib. prueba insuficiente, pocas cabezas.*

Además de Hitler, en esta prueba de dibujo fueron suspendidos otros cincuenta y un aspirantes, entre los cuales estaba, como suele ocurrir tantas veces, Robin Christian Andersen, que entre 1945-1965 fue director de la Escuela de Maestría de Pintura en la Academia de Bellas Artes de Viena, y más adelante y al mismo tiempo ostentó otros cargos de gran importancia en dicha Academia.

En conjunto, de los ciento trece candidatos solamente aprobaron el ingreso veintiocho. El propio Hitler dijo en *Mein Kampf*:

> *Totalmente destrozado, abandoné el magnífico edificio de la Schillerplatz, descontento conmigo mismo por primera vez en la vida. Todo lo que había oído sobre mis facultades me parecía ahora incierto, dándome cuenta de que en algún sitio se había producido una escisión, que me había hecho sufrir durante largos años sin lograr descubrir el porqué de tal sufrimiento.*

¿Hubiese cambiado la Historia si Hitler hubiese presentado más cabezas dibujadas y hubiese aprobado aquel examen de ingreso?

CAPÍTULO IV

ASPIRANTE A ARQUITECTO

El rector de la Academia de Bellas Artes, al que tuvo que presentarse Hitler después del examen fracasado, le aseguró que «de la colección de dibujos presentados se desprende que sus facultades no son las idóneas en un pintor, sino más bien en un arquitecto».

Y esto, a la vista de los dibujos conservados, es rigurosamente cierto. Hitler, entonces, preparó su ingreso en la Escuela de Arquitectura de la Academia, a pesar de que le faltaban los requisitos fundamentales como, por ejemplo, no haber terminado los estudios de bachillerato. Sus compañeros de pensión le urgieron a regresar a Linz y allí concluir sus estudios, aunque es dudoso que, pese a todo y habida cuenta de su odio a todo lo que significase disciplina estudiantil, hubiese seguido esos consejos.

Sin embargo, en noviembre de 1907 volvió a Linz para cuidar de su madre enferma, desahuciada ya por su médico. Éste, que era el doctor judío Eduardo Bloch, declaró en noviembre de 1938:

> *Adolfo estaba totalmente pendiente de su madre; observaba todos sus movimientos para prestarle inmediatamente toda la ayuda que pudiera necesitar. Sus ojos, tristes casi siempre, brillaban de alegría cuando veía que su madre no sufría ningún dolor.*

Esta declaración se contradice con el hecho comprobado por otros biógrafos de que Hitler sólo fue a Linz para asistir

31

al entierro de su madre. Y, naturalmente, esta versión se halla más acorde con el carácter del tirano Hitler.

Una vez muerta su madre, Hitler regresó a Viena, donde llevó una existencia de artista bohemio. En *Mein Kampf*, él mismo dice:

> *La necesidad y la cruda realidad me obligaron a tomar rápidamente una decisión. La grave enfermedad de mi madre había terminado en gran parte con los recursos paternos. La pensión de orfandad que me correspondía recibir no bastaba para vivir; así, pues, me vi obligado a ganarme el pan como fuera.*

Sin embargo, la verdad escueta es otra ciertamente distinta, puesto que su madre debió de dejarle una bonita suma de dinero, por el producto de una casa de Leonding, de cuya venta sacó 10.000 coronas. Además, la madre percibía por viudedad una pensión anual de 1.200 coronas, a lo que hay que sumar los intereses del dinero de la venta de dicha casa. Hitler, pues, exageró evidentemente acerca de su condición durante aquellos años pasados en Viena.

Tampoco están de acuerdo sus biógrafos respecto a la vida que llevó en Viena. Unos aseguran que vivió como un verdadero vagabundo, llevando incluso trajes sucios y deshilachados, en tanto que otros afirman que le gustaba vestir el frac y ofrecer siempre un aspecto impecable. Sin duda, quienes esto afirman son los que tienen razón. Pero el propio Hitler dio una versión de sí mismo bastante desdichada durante su estancia en Viena, seguramente para justificar el odio que sentía hacia esa ciudad, quizá por haber sido en ella donde sufrió uno de los mayores disgustos de su vida al ser rechazado en los exámenes de ingreso en la Academia de Bellas Artes.

Durante dicha estancia en Viena, Hitler se dedicó «para poder ganarse el sustento» a pintar cuadritos más bien modestos, casi todos ellos sacados de postales, o sea simples copias,

Clara Pölzl, madre de Hitler.

pues era demasiado perezoso para instalar sus bártulos en la calle y pintar del natural.

Su amigo Hanisch es quien vendía tales cuadros a los tratantes, algunos de los cuales eran judíos, como el ingeniero húngaro, de origen judío, Retschay o el abogado vienés doctor Josef Feingold, que protegió a Hitler entre 1910 y 1914. De todos modos, no todos los cuadros eran aceptados, sino que algunos fueron rechazados por los compradores habituales, cosa que en muchas ocasiones Hitler ignoró por callarlo Hanisch, no deseando disgustarlo, pues por lo visto las explosiones de Adolfo Hitler eran ya temibles en aquella época.

Pese a esto, la verdadera obsesión de Hitler, al parecer, era la arquitectura. Pero no el trazado de planos para edificios normales y corrientes, sino la imaginación colosalista de monumentos realmente dignos de su *gran inventiva* (gran inventiva que según él poseía en grado extremo y de la que se alabó muchas veces siendo ya el dictador de Alemania).

Tenía ideas de grandeza y ansiaba perpetuar su nombre como gran arquitecto. En 1942, declaró:

> *De no haber estallado la guerra (la Primera Guerra Mundial), sería ahora arquitecto, quizás uno de los mejores, por no decir el mejor de Alemania.*

Y anteriormente, el mismo año de 1942, había dicho también:

> *Berlín se convertirá en una de las capitales más importantes del mundo, comparable solamente al antiguo Egipto, Babilonia o Roma.*

La verdad es que desde la época de Viena, sus ansias de poder, su odio hacia esa ciudad y ya hacia los judíos (tal vez por haber rechazado varios de sus cuadros), su afán de venganza, le impulsaban a hacer algo grande, algo imperecedero. Y lo consiguió, pero en un sentido claramente negativo.

Fue en Viena, a finales de 1908 y principios de 1909, cuando Hitler entró en contacto con el mundo del antisemitismo. En su obra dice que la vista de los primeros judíos de caftán o judíos orientales, y su chocante contraste con los escasos judíos de Linz, asimilados y familiares para él, le impulsó a adquirir los primeros panfletos antisemitas de su vida. Es muy probable que entre ellos se contase una revista infamante y de indeterminada periodicidad, denominada *Ostara*. Corría a cargo su publicación de Adolf Lanz, alias Jörg Lanz von Liebenfels. Al parecer Hitler no llegó a entender mucho de los razonamientos de aquel racista-mitólogo medio loco, pero aquellos panfletos que expresaban una doctrina de pacotilla, en lo esencial calaron muy hondo en el intelecto de Hitler, ávido por asimilar los mitos de los héroes y dioses nórdicos y por querer imitarlos treinta años más tarde.

Liebenfels menciona ya la teoría de la raza rubia de los señores, «los héroes arios» enfrentados a los seres inferiores simiescos y faunescos. Combate incesante entre los dos grupos que ha de acabar con el triunfo del primero, pero para ello es biológicamente necesario diezmar dentro de lo posible al último y así poder acabar con el engendro del mestizaje. El casamiento entre ambos grupos era la infamia racial. Reflexiones sobre la utilidad de la poligamia entre los héroes, proyectos para implantar «auxiliares matrimoniales» para ayudar si fuera necesario, «madres reproductoras» para colonias de cría y premios a la natalidad. Lanz abogaba también por la esterilización de los inferiores, los trabajos forzados y la deportación «al desierto de chacales» o a la «selva de los monos» y en sus panfletos redactó con toda minuciosidad el proceso para los sacrificios de inferiores, inmolados a los dioses germánicos de la antigüedad.

El racismo blanco es un fenómeno iniciado ya en los siglos XV y XVI a raíz de los descubrimientos y exploraciones geográficas. Fue más propio de los países anglosajones o de lengua germánica (holandeses). Joseph Artur, conde de Gobineau (1816-1882), fue un escritor francés dedicado a la diplomacia, que se hizo famoso por su *Ensayo sobre la desigualdad de las razas humanas* (1853-55) en plena efervescencia de la penetración europea en África. Fue precursor del racismo moderno y Hitler tomó muy buena nota para su idea de la «raza aria». En realidad, las doctrinas nacionalistas constituyeron el intento de la burguesía pudiente alemana de desviar hacia los judíos el resentimiento del proletariado.

CAPÍTULO V

HITLER, EN MÚNICH

Adolfo Hitler marchó a Múnich, desde Viena, en mayo de 1913, a los veinticuatro años de edad. Éste fue su verdadero punto de partida.

En Múnich se halló solo, mas a pesar de esto le agradó la ciudad. Tal vez porque allí pudo vivir como deseaba, sin trabas ni vigilancias de ninguna clase: iba, venía, dormía, paseaba y holgazaneaba a su capricho y voluntad. Allí también pintaba, pero sus temas son distintos de los de Viena. De todos los cuadros que pintó en aquella época, sólo veinticuatro han pasado a la posteridad. Lo cierto es que, según declaraciones del propio Hitler, *en realidad, yo no quería ser pintor (lo cual se halla en contradicción con sus pretendidas discusiones con su padre). Si actuaba como tal, era exclusivamente para poder pagarme el sustento y estudiar. Nunca pinté más que lo preciso para cubrir mis más elementales necesidades.*

Era su camarada de guerra, Hans Mend, quien después de 1918, como antes lo hiciera Hanisch en Viena, se ocupaba de colocar sus cuadros, que en 1942 fueron declarados de «interés nacional».

Sus biógrafos no están de acuerdo acerca del valor de sus pinturas, aunque una cosa es cierta e innegable: Hitler no ha pasado a la posteridad como un gran pintor o un insigne dibujante, y es muy dudoso que, de haber seguido por el camino del arte, hubiese llegado a distinguirse como un gran artista.

Su genio, como se vio posteriormente, iba por otros derroteros mucho menos gratos que los del arte.

Las teorías extravagantes de Hitler

Hitler abandonó Viena, debido, como dice él mismo en *Mein Kampf*, a:

> *Mi aversión íntima hacia el gobierno de los Habsburgo aumentaba de día en día. La mezcolanza de checos, polacos, húngaros, rutenos, servios y croatas, y el bacilo disolvente de la sociedad humana, el judío, siempre presente aquí, allí y dondequiera, constituían un espectáculo que me resultaba repulsivo... Esperaba que algún día pudiera lograr mi ambición de ser arquitecto para consagrar mi talento al servicio de mi patria.*
>
> *Otra de mis razones era la esperanza que tenía de convivir con los que luchaban en el país donde debía lanzarse la iniciativa del movimiento cuya finalidad constituiría la realización de lo que mi alma siempre había deseado, la reunión de mi tierra natal con nuestra patria común: el Imperio alemán.*

Siguiendo a uno de sus biógrafos más destacados, Allan Bullock, sabemos que Hitler, en contra de lo que dicen otros biógrafos, como por ejemplo Werner Maser, halló alojamiento en Múnich «con la familia de un sastre de apellido Popp, que vivía en la Schleissheimerstrasse, barrio pobre de aquella ciudad. Años más tarde, echando una ojeada retrospectiva, Hitler describió aquella época como la más feliz y tranquila de su vida.

> *Casi desde el primer instante de mi estancia aquí, amé esta ciudad más que ninguna otra que antes conociera. ¡Una ciudad alemana cuán diferente de Viena!*

«Cabe dudar de que esa afirmación representase los verdaderos sentimientos de Hitler en aquel entonces, ya que su vida volvió a tomar el patrón anterior. Su odio por el trabajo rudo, por cualquier empleo ordenado, se convirtió en un hábito.

»Ganaba el sustento de manera precaria, dibujando anuncios y carteles (de aquí haberle achacado a Hitler haber sido pintor de brocha gorda, como dicen algunos de sus biógrafos). Estuvo siempre falto de dinero. Cuando Greiner, que por aquella época dormía en el mismo cuarto, le preguntó cuáles eran sus planes para el futuro, Hitler le contestó que la guerra era inminente y que entonces ya no importaría tener o no una profesión.

»A pesar de su deseo de llegar a ser pintor o arquitecto, lo cierto es que en Múnich no avanzó absolutamente nada, y además, en su nuevo ambiente perdió, al parecer, todo contacto con su familia y apenas si tuvo algún amigo.

»El cuadro brumoso que emerge de los recuerdos de las escasas personas que lo conocieron en Múnich describe de nuevo a un hombre que vive en el mundo de su propia fantasía. Da la misma sensación de falta de equilibrio, de excentricidad, en una persona cavilosa que murmura para sí de las cosas, y que sostiene teorías extravagantes acerca de la discriminación racial, del antisemitismo y del antimarxismo, hasta prorrumpir en diatribas feroces y sarcásticas.

»Hitler paseaba largas horas por las calles, permanecía en los cafés y en las cervecerías muniquesas, devorando periódicos y hablando de política. Su patrona, la señora Popp, habló de él como de un lector asiduo, impresión que él pretendió dar en su *Mein Kampf*, pese a lo cual no hay indicios concretos acerca de sus lecturas preferidas. ¿Había leído a Schoppenhauer, a Nietzsche, a Chamberlain, a Wagner o a Platón? De todos modos, Hitler hizo un comentario acerca de la literatura que resulta revelador a todas luces:

*La lectura tuvo probablemente para mí una signi-
ficación diferente de la que tiene para la mayoría de
personas que leen sin descanso libro tras libro, página
tras página... Lógicamente, saben mucho, pero no
poseen la facultad de distinguir lo útil de lo inútil de
una obra, de forma que pueden retener en la mente
lo segundo, y pasar por alto lo primero. La lectura
no es un fin en sí, sino un medio para llegar a su fin.
El que ha cultivado el arte de la lectura podrá dis-
cernir en seguida, en un libro, una revista o un libelo,
lo que merezca recordarse, bien porque se aplique a
sus necesidades particulares, bien porque sea de valor
desde el punto de vista de información general.*

»Éste es el retrato de una persona de mente estrecha y
cerrada que únicamente lee para confirmar sus propias cre-
encias, pasando por alto todo aquello que no encaja en su plan
preconcebido. Semejante individuo jamás sabrá usar sus conocimientos de una manera práctica porque no ha ordenado su
equipo mental con el afán de enfrentarse a las demandas de
la vida cotidiana.»

Las ideas de Hitler en Múnich

Las ideas que el propio Hitler expresó en su *Mein Kampf*
respecto a su estancia en Múnich, referidas a la política de
Alemania y a sus puntos de vista personales, revelan ya sus
sentimientos antiaustriacos y proalemanas, en un grado que
tal vez un psiquiatra tildaría de paranoicos.

Acerca de Múnich, exclama:

*¡Una ciudad alemana cuán distinta de Viena! Me
estremezco todavía al recordar aquella Babilonia
de razas. Incluso el dialecto, casi idéntico al mío,
traía a mi memoria evocaciones de mi juventud,
unida a la Baja Baviera. Múnich me era querida en*

mil formas diferentes. Sé que pertenezco a esta ciu-
dad más que a cualquier otro lugar de la Tierra y
esto se debe a que ella se halla inseparablemente
ligada a mi evolución.

(Por desgracia para Múnich, Hitler convirtió esta ciudad en la verdadera cuna del nazismo.)

Según Hitler, en Austria, los únicos partidarios de la alianza eran los Habsburgo y los alemanes. En los primeros era el fruto del cálculo y el apremio, y en los segundos, el de la fácil credulidad y la estupidez política.

Fácil credulidad por imaginarse que mediante la Triple Alianza, destinada a fortalecerlo y a darle seguridad, prestaban al Imperio alemán un servicio inapreciable; estupidez política, porque en su imaginación no veían la realidad, sino que encadenaban al Imperio el casco zozobrante de un Estado capaz de arrastrarlo consigo al abismo, especialmente porque tal alianza contribuía a desgermanizar más aún a la misma Austria. Pues desde el instante en que los Habsburgo creyeron que una alianza con el Imperio les pondría a salvo de toda injerencia de este último, y desdichadamente tuvieron razón en esto, pudieron llevar adelante su política consistente en librarse paulatinamente de la influencia alemana dentro del país.

De haber existido en Alemania un conocimiento más profundo de la Historia y la psicología racial, nadie hubiese creído, ni por un momento, que el Quirinal de Roma y el Hofburg de Viena llegarían a combatir uno al lado del otro en un frente común. Italia se habría arrojado al cráter de un volcán antes de que un gobierno cualquiera osase enviar al campo de batalla a un solo italiano para luchar en favor del aborrecido austriaco.

Los crímenes que la casa de Habsburgo cometió durante siglos contra la libertad y la independencia de Italia fueron demasiado grandes como para que se olvidasen jamás, incluso suponiendo que existiese el deseo deliberado de hacerlo. Pero no existía tal anhelo ni en el pueblo ni en el Gobierno italiano. Por lo tanto, Italia sólo podía tratar con Austria de dos maneras: aliándose con ella o declarándole la guerra. Y tras haber elegido lo primero, pudo prepararse con calma para lo segundo.

Sin embargo, estas ideas quedaron hondamente modificadas después de la Primera Guerra Mundial, en la que Hitler tomó parte, tras haberse inhibido de efectuar el servicio militar cuando le correspondía.

Ya a fines del siglo XIX, Bismark, el «canciller de hierro», había profetizado: «Una guerra de dimensiones incalculables puede estallar a consecuencia de un asunto aparentemente trivial en los Balcanes». El 28 de junio de 1914 el archiduque Francisco Fernando, heredero del trono de Austria-Hungría, era asesinado por un estudiante bosnio en Sarajevo cuando realizaba una visita de buena voluntad a aquella provincia. El autor material del magnicidio fue Gravilo Prinzip, miembro de la organización «La Mano Negra», partidario de la «gran Yugoslavia».

La reacción de las potencias en este episodio luctuoso está determinada fundamentalmente por los problemas y tensiones de los diez años anteriores. El Gobierno austro-húngaro vio en el atentado una prueba de peligro que para el Imperio representaba el nacionalismo panserbio o yugoslavo y trató de aprovechar el grave incidente para hundir a Serbia. Veían los políticos de Viena la probabilidad de la guerra con Rusia, siempre rival en la expansión en los Balcanes y necesitaban por lo tanto contar con el apoyo de Alemania, apoyo que fue prometido por el Gobierno de Berlín, en el entendimiento probablemente de que se tratara de un conflicto localizado.

El 23 de julio, Austria envió un ultimátum a Serbia y al ser rechazadas dos de sus exigencias, el 28 declaró la guerra. Tres días antes Rusia había advertido que no permanecería neutral. El 29 de julio, los austriacos dieron el paso gravísimo del bombardeo de Belgrado; el Gobierno de Moscú procedió a una movilización parcial y Francia e Inglaterra advirtieron a Berlín que no serían neutrales. La jornada del

Alois, padre de Hitler.

día 30 fue decisiva. A media tarde, sin conocimiento de Francia, Rusia movilizó sus tropas contra Austria-Hungría y Alemania. El 1 de agosto, Guillermo II declaró la guerra a Rusia y el 3 a Francia; al día siguiente, las tropas alemanas invadieron Bélgica, e Inglaterra entró en el conflicto.

Ésta es la trágica tramoya de un acontecimiento de imprevisibles consecuencias. ¿Se localizaría el conflicto y sería de poca duración o se extendería por casi todo el viejo continente? Sea como fuere, Adolfo Hitler pensaba que le había llegado su hora de la revelación. «También para mí —escribía más tarde— aquellas horas significaron una especie de liberación de las penosas impresiones de mi adolescencia. No me avergüenza confesar hoy que, arrastrado por un fervoroso entusiasmo, me arrodillé y di gracias de todo corazón al Altísimo por haberme concedido la dicha de poder vivir en semejante época.» De este recurso de la Providencia abusará en el futuro. Hitler fue siempre muy supersticioso, y creyó siempre en alquimistas, brujos y nigromantes.

CAPÍTULO VI

HITLER Y LA PRIMERA GUERRA MUNDIAL

«En la primavera de 1912 me trasladé definitivamente a Múnich», dice Hitler en *Mein Kampf*. Pero esto no es cierto, puesto que no abandonó Viena hasta 1913, cosa firmemente comprobada, siendo la fecha exacta el 24 de mayo de dicho año.

Ya hemos visto cuál fue la existencia que Hitler llevó en Múnich durante sus primeros tiempos de estancia allí, mas de repente todo cambió, tanto para él como para el mundo entero.

El 28 de junio de 1914, fue asesinado en Sarajevo el heredero del trono de Austria, Francisco Fernando. Según Hitler:

> *En un primer momento sentí el temor de que tal vez las balas procediesen de la pistola de algún estudiante alemán que, irritado por la labor constante de eslavización que fomentó el heredero del trono, hubiese intentado salvar al pueblo alemán de aquel enemigo interior. Pero cuando poco después me enteré de los nombres de los supuestos autores del atentado y supe, además, que se trataba de elementos serbios, me sentí sobrecogido de horror ante la realidad de esa venganza del destino insondable. El mayor amigo de los eslavos había caído precisamente bajo el plomo fatídico de un eslavo fanático.*

Unas semanas más tarde, precisamente el 1 de agosto de aquel año, en una foto tomada en la plaza Odeón de Múnich, aparece Hitler, no con el temor en los ojos, sino con el brillo del júbilo ante la declaración de guerra. Lo mismo que a muchos intelectuales, como Thomas Mann y otros, a Hitler le entusiasmó la noticia de la ruptura de hostilidades.

Y a pesar de que unos meses antes había sido declarado inútil para el servicio militar, según se cree, a causa de un engaño perpetrado por él mismo, Hitler presentó al rey Luis III una petición, solicitando el favor de ser incorporado a un regimiento bávaro. Al día siguiente le fue aceptada su petición. Adolfo Hitler ingresó, entonces, en agosto de dicho año en el Regimiento de Infantería 16, en el Batallón de Reclutas. El 8 de octubre juró fidelidad al rey de Baviera y al emperador Francisco José de Austria.

El instructor, por algún tiempo, fue Hans Mend, el cual contó, en 1931, la impresión que le causó aquel recluta.

> *En Schwabmünchen vi por primera vez a Adolfo Hitler. No lo conocía pero al pasar junto a él me llamó la atención su mirada enérgica y su aspecto general. Le tomé por un profesor universitario, puesto que en aquel regimiento había muchos.*

Una carta desde el frente

A mediados de octubre, y tras una instrucción a todas luces insuficiente, Hitler marchó al frente. Luego, en febrero de 1915, le escribió una carta a uno de sus amigos de Múnich, Ernst Hepp, donde le narraba minuciosamente su vida en el frente. Dicha carta, fragmentada, dice así:

> *Estimado asesor:*

> *Me alegro de que recibiese mi última tarjeta, al tiempo que deseo agradecerle de corazón su amable contestación.*

Ahora voy a proseguir la descripción detallada de los sucesos que ya inicié en otra ocasión. En primer lugar, tengo el gusto de manifestarle que el 2 de diciembre me concedieron la Cruz de Hierro (según su biógrafo Bolluck, hubo en esta concesión una confusión de la que Hitler salió beneficiado). *Gracias a Dios, no faltaban en absoluto las oportunidades de conseguirla. Mi regimiento no quedó en la reserva, como nosotros pensábamos, sino que el 29 de octubre fue enviado al frente y desde hace tres* (ilegible en el original) *luchamos, unas veces atacando y otras defendiéndonos. Después de una hermosa travesía por el Rhin llegamos el 23 de octubre a Lille. En Bélgica ya pudimos contemplar la guerra de cerca. Lovaina había quedado convertida en un montón de cenizas y escombros. El viaje continuó relativamente plácido. De pronto, empezamos a encontrar un obstáculo tras otro. En diversos lugares habían aflojado las vías del ferrocarril, pese a la gran vigilancia que había en toda la zona. Según íbamos avanzando, veíamos continuamente puentes destruidos y locomotoras destrozadas. Aunque el ferrocarril avanzaba muy lentamente, las paradas eran cada vez más frecuentes. De noche llegamos a una ciudad cercana a Lille, que había sido muy castigada. Nos apeamos y acampamos en torno a los fusiles colocados en pabellón. Poco antes de medianoche penetramos en la ciudad. Fue un camino interminable. A derecha e izquierda no había más que fábricas, hollín y ladrillos negros de humo; el pavimento estaba en muy mal estado y muy sucio. A partir de las 9 de la noche no había civiles por las calles, sólo militares. Arriesgando la vida, nos abrimos paso entre el bagaje y las columnas de municiones, hasta llegar a las puertas interiores de las fortificaciones. Lille es algo mejor. Sin embargo, también aquí podría*

47

aplicarse el dicho: «Fuera malo, dentro peor». Pensaba constantemente en Alemania. Pasamos la noche en el patio del edificio de la Bolsa, todavía en construcción. Como estábamos en alerta, nos tuvimos que echar con todo el equipaje encima.

El pavimento estaba muy frío, por lo que me resultó imposible conciliar el sueño. Al día siguiente cambiamos de cuartel y en esta ocasión nos metieron en un gran pabellón de cristal.

En el mismo no faltaba la ventilación, pues en realidad no quedaba más que el armazón de hierro. Las granadas alemanas habían hecho saltar el paramento de cristal en miles de añicos. Durante el día hicimos algo de instrucción, visitamos la ciudad y sobre todo, admiramos el enorme aparato bélico que había dejado en Lille su imborrable huella, y que ahora desfilaba ante nuestros asombrados ojos. Por la noche cantamos y algunos entonaron su última canción. Aproximadamente a las 2 de la madrugada de la tercera noche tocaron a generala y a las 3 salíamos del punto de reunión. Nadie sabía nada. Estábamos casi convencidos de que se trataba de un simulacro. Era una noche muy oscura. Cuando llevábamos veinte minutos caminando se nos ordenó colocarnos a un lado e inmediatamente empezaron a llegar columnas de víveres y municiones, caballería, etcétera, que ocuparon toda la calzada, hasta que finalmente se nos hizo sitio a nosotros. Al fin amaneció. Nos hallábamos bastante lejos de Lille. El ruido de los cañones era ahora más ensordecedor. Nuestra columna avanzaba como una serpiente gigantesca. A las 9 de la mañana nos detuvimos en el parque de un castillo. Tras dos horas de descanso continuamos adelante hasta las 8 de la tarde. El regimiento se dividió en compañías, que tenían que protegerse como pudieran de los ataques de la aviación. A las 9 de la noche nos dieron el rancho.

Por desgracia, no conseguí dormir. A cuatro pasos de mi montón de paja, hay un caballo muerto. Debe de llevar ahí unas dos semanas. Está en estado de descomposición. A escasos metros, detrás de nosotros hay una compañía alemana que cada unos quince minutos lanza dos granadas por encima de nuestras cabezas. Se las oye silbar en el aire y luego, a lo lejos, se escuchan dos golpes sordos. Todos escuchamos con atención. Es la primera vez en nuestras vidas que oímos algo semejante. Mientras nos agrupamos, hablando en voz baja y dirigiendo nuestras miradas al firmamento, se oye un ruido en la lejanía que poco a poco va acercándose hasta que los disparos aislados de los cañones se convierten en un ruido ininterrumpido. Todos experimentamos escalofríos. Se dice que los ingleses efectúan uno de sus ataques nocturnos. La situación se calma lentamente hasta que finalmente acaba aquel ruido infernal. Sólo nuestra batería sigue disparando con intermitencias. Por la mañana descubrimos un boquete enorme causado por una granada.

(...)

Seguimos avanzando. Salto y corro con todas mis fuerzas por la pradera y los campos de nabos; salto fosos, setos de alambre y cuerpos humanos hasta que de pronto oigo gritar delante de mí: «¡Aquí, aquí todos!». Ante mis ojos se extiende una larguísima trinchera; un momento más tarde estoy dentro de ella, mientras los demás saltan también por la derecha y la izquierda.

Junto a mí hay soldados de Wurtemberg y debajo varios ingleses muertos y heridos. Los wurtembur-gueses han tomado al asalto la posición poco antes que nosotros. Ahora ya sé por qué me pareció tan

49

blando el suelo cuando salté a la trinchera. A 240 ó 280 metros delante de nosotros quedaban todavía algunas trincheras en manos de los ingleses, y a la derecha la carretera, también en su poder. Una lluvia ininterrumpida de plomo zumbaba sobre nosotros. A las 10 empezó a atacar nuestra artillería, 1-2-3-5-, y así sucesivamente. Las granadas caían en la trinchera inglesa que había delante de nosotros. Los soldados salían como hormigas. Entonces, nos llegó a nosotros el instante de atacar.

Nos lanzamos a toda velocidad a traves del campo y tras una sangrienta lucha cuerpo a cuerpo conseguimos expulsar a los ingleses de sus trincheras. Muchos de ellos alzaban los brazos en señal de rendición. Todo el que no se entregaba era abatido en el acto. Así fuimos limpiando una trinchera tras otra.

(...)

Ya no quedaban oficiales y de los suboficiales sobrevivían muy pocos. Nos dispusimos a atacar y yo retrocedí para buscar refuerzos. Cuando regresé con un grupo de soldados agotados, hallé al comandante con el pecho destrozado. A su alrededor, un montón de cadáveres. Sólo quedaba con vida su ayudante. La ira hizo presa en nosotros. «Teniente, llévenos a luchar», le gritamos todos. Nos adentramos en el bosque para avanzar. Cuatro veces salimos a la carretera y otras tantas nos vimos obligados a retroceder. De mi grupo sólo quedábamos con vida otro muchacho y yo. Él también cayó. Una bala me arrancó la manga derecha de la guerrera, pero milagrosamente salí ileso del ataque. A las 2 hicimos el quinto intento y en esta ocasión logramos tomar el lindero del bosque y las granjas.

A las 5 de la tarde nos reagrupamos, cavamos una trinchera a 100 metros de la carretera y nos metimos dentro. Durante 3 días luchamos en esta posición hasta que al fin conseguimos expulsar a los ingleses. Al cuarto día por la tarde regresamos a (sigue un nombre ilegible) *y allí nos dimos cuenta de nuestras pérdidas. En 4 días, nuestro regimiento había quedado reducido de 3.500 hombres a sólo 600. Sólo había tres oficiales vivos. Hubo que suprimir cuatro compañías. Pero todos estábamos satisfechos por haber expulsado a los ingleses. Desde entonces, siempre nos hallamos en primera línea de combate. El comandante de nuestro regimiento, teniente coronel Engelhardt, me propuso la primera vez para la Cruz de Hierro en Messines y la segunda en Wytschete; en esta ocasión junto con... otros. El 2 de diciembre me fue concedida finalmente esta condecoración.*

Actualmente soy enlace de combate. La suciedad es menor, pero mayor el peligro. El día que atacamos por primera vez Wytschete cayeron tres de nuestros ocho hombres, y uno resultó gravemente herido. Los cuatro que sobrevivimos y el herido fuimos condecorados. La distinción sirvió para salvarnos la vida. Cuando estábamos discutiendo la lista de los propuestos para la Cruz, entraron en la tienda cuatro capitanes. Como no había bastante para todos, los cuatro salimos fuera. No llevábamos cinco minutos en el exterior cuando estalló una granada en la tienda, hiriendo gravemente al teniente coronel Engelhardt y matando o hiriendo al resto de la Plana Mayor. Fue el momento más terrible de mi vida. Todos idolatrábamos al teniente coronel Engelhardt.

Por desgracia, he de poner punto final a esta carta, rogándole que disculpe mi mala letra (lo cual era verdad, aparte de ciertas faltas de ortografía). *Ahora estoy muy nervioso. Día tras día estamos sometidos a un intenso fuego de artillería desde las 8 de la mañana hasta las 5 de la tarde. Quiero agradecerle a usted y a su estimada esposa los dos paquetes que tuvieron la amabilidad de enviarme. Pienso en Múnich con mucha frecuencia y cada uno de nosotros estamos ansiando que el conflicto tenga una pronta terminación, cueste lo que cueste, para que los que tengan la suerte de regresar a su patria la hallen libre de elementos extranjeros, pues para eso se han vertido tantísimos litros de sangre y han sacrificado su vida tantos patriotas. Nuestro deseo es terminar con todos los enemigos, no sólo con los que atacan Alemania desde fuera, sino también con los que destruyen nuestro internacionalismo interior. Esto tendría mucho más valor que conquistar grandes extensiones de terreno. Con Austria sucederá lo que siempre he predicho.*

Dándole de nuevo las gracias, me despido respetuosamente de usted, besando la mano de sus estimadas madre y esposa.

Su eterno agradecido,

Adolfo Hitler.

La guerra del 14 va a significarse por su duración; desde las guerras napoleónicas, sólo los conflictos coloniales o las guerras civiles se habían sostenido durante un período tan largo, pero el enfrentamiento entre naciones europeas había sido mucho más breve. Su extensión geográfica señala una novedad mayor; es una guerra continental, que termina siendo mundial; las metrópolis arrastran el esfuerzo bélico a las colonias. La movilización alcanza grados hasta entonces desconocidos; millones de hombres combatirán en frentes de centenares de kilómetros de longitud. Aparte de la grandeza de sus dimensiones, otros dos aspectos sobresalen: la guerra económica y la movilización psicológica.

Va a significarse también por la aparición o desarrollo masivo de armas como la ametralladora, la artillería de todos los calibres, en particular el famoso cañón alemán Berta, de 42 cm de calibre. La *guerra de movimientos* dio paso así a la *guerra de trincheras*, la más sórdida de todas las confrontaciones bélicas habidas hasta entonces. El hombre se «convierte en topo» y defiende palmo a palmo el territorio o ataca al adversario en idénticas condiciones, produciéndose un desgaste extraordinario de hombres y material a cambio de escaso avance del frente y en unas condiciones miserables.

Surge también, por parte aliada, el tanque o carro de combate, cuyos antecedentes remotos son el legendario caballo de Troya, las torres móviles y la «tortuga romana»; y en cierto modo, los elefantes. Y por parte germana los gases asfixiantes. El factor sorpresa fue fulminante, pero pronto los aliados los utilizaron también y víctima de sus efectos sería, como veremos, el propio Hitler. Finalmente, a partir de la denominada Guerra Europea, una nueva arma iniciaría un fabuloso desarrollo: el aeroplano, que pronto vencería a su competidor más tenaz: el dirigible o zepelín.

Cuando el frente se estabiliza, se procura minar la moral del adversario; los bombardeos de ciudades tienen esta finalidad. La prensa es muy importante, exagerando los éxitos propios y minimizando el valor del enemigo. Para soportar los sufrimientos es imprescindible mantener elevada la moral de la nación. Hitler tomó buena nota de ello. La «guerra de la tinta» fue creciendo en intensidad, a medida que la de las armas se prolongaba. No existía otro procedimiento que la exacerbación del patriotismo para que los civiles aceptaran estoicamente el hundimiento de sus casas y la reducción de su dieta.

Los gobiernos se vieron obligados a establecer el racionamiento. En Alemania se decretó la mezcla de harina y fécula de patata para fabricar el llamado pan de guerra; en 1918, la ración diaria pasaría de 220 gramos a 116; de la misma forma, se redujo la ración de carne, se reservó la leche para ciertas categorías de consumidores y se buscaron sucedáneos para el aceite.

En Francia se establecieron raciones en el azúcar, carbón, leche y aceite, y se restringió el consumo de gas y electricidad. El hambre y la falta de jabón y antisépticos provocaron un aumento de las enfermedades epidémicas y la mortalidad. Estos mismos problemas afectaron en mayor medida a los soldados del frente. En las trincheras, el frío y las lluvias se añadían a la amenaza de los bombardeos; «los hombres que he visto regresar esta mañana eran sólo montones de barro», escribe el general Maistre.

En los años 1917 y 1918, se generalizarán las protestas de los soldados y civiles por los sufrimientos de la guerra. La guerra submarina total por parte alemana provocó pronto la entrada de los EE.UU. en el conflicto.

CAPÍTULO VII

HITLER, EN LA GUERRA

Naturalmente, existe mucha documentación de la presencia de Hitler en el frente de combate de la Primera Guerra Mundial, así como de sus condecoraciones y sus estancias en hospitales de campaña.

En realidad, fue el día 16 de agosto cuando ingresó en el 6.° Batallón de Reclutas del Regimiento de Infantería 16 en la Elisabeth-Schule de Múnich.

Poco después fue trasladado a la 1.ª Compañía del regimiento mencionado. Y el 21 de octubre, llegó al frente. En el mismo mes, el día 29 ya estuvo en un combate en Iser, y desde el día 30 hasta el 24 de noviembre tomó parte en el combate de Ypern. En este mismo mes fue propuesto para cabo y destinado a la Plana Mayor del regimiento. En diciembre ya fue distinguido con la Cruz de Hierro de 2.ª clase, lo cual habla bien de sus cualidades de valor y coraje en la guerra.

Durante el año 1915, tomó parte en diversos combates, aunque habida cuenta de su misión como enlace, no debieron ser demasiadas las ocasiones de gran peligro. Luego, ya en el año 1916, también tomó parte activa en diversos combates y batallas, como la del Somme, y el día 5 de octubre de dicho año fue herido en el muslo izquierdo en Le Bargur y trasladado al hospital de la Cruz Roja de Beelitz.

Al año siguiente, penúltimo de la guerra, Hitler estuvo presente en la batalla de Arras, en la guerra de posiciones de Artois y en las batallas de Flandes, siendo distinguido con la Cruz al

Mérito Militar de 3.ª clase con espadas. Gozó de un permiso que aprovechó para visitar Spital, y continuó luego en el frente, con lo que se inició así el año 1918, cuando tuvo lugar la gran batalla de Francia, con los combates de Avre y Montdidier. Por el coraje que demostró en Fontaine, Hitler fue premiado con un diploma regimental. Y en el mes de abril también le concedieron la Orden Negra por sus heridas de guerra.

Asistió a las batallas de Marne y la Champagne, y logró la Cruz de Hierro de 1.ª clase. Volvió a tener un permiso que pasó en Núremberg; obtuvo la Medalla de 2.ª clase por servicios prestados y pasó otras vacaciones en Spital, hasta que tomó parte en la batalla defensiva de Flandes.

Sufrió un envenenamiento por gases en La Montagne, y había sido trasladado a la 7.ª Compañía del 1.ᵉʳ Batallón de Reserva del Regimiento de Infantería 16 cuando se produjo el armisticio, lo que puede considerarse la gran derrota alemana.

Hitler, como soldado

Si hay que atenerse a las condecoraciones obtenidas durante aquellos años de guerra, no hay duda de que Adolfo Hitler demostró valor en el frente de batalla, mas por otra parte, también es indudable que en muchas ocasiones exageró al referirse a sus experiencias en la guerra, y hasta llegó a dar datos a todas luces falsos. Por ejemplo, cuando en la carta transcrita, y dirigida al sastre Popp, dijo que de 3.500 hombres sólo quedaron con vida 600, esto no era verdad en modo alguno, ya que el resultado del balance de vidas fue que el regimiento el día 29 de octubre de 1914 perdió 349 hombres, y del 30 de octubre al 24 de noviembre otros 373.

Según la descripción hecha por su camarada Hans Mend:

> *Hitler era un individuo extraño, que se sentaba en un rincón del barracón con la cabeza entre las manos, sumido en honda meditación. De repente, se levantaba*

Los principales autores del «putsch» de Múnich, del 8 de noviembre de 1923, Hitler, Hess y Goering.

de un brinco y, corriendo de un lado a otro, declaraba que la victoria no sería nuestra a pesar de nuestros cañones de largo alcance, porque los enemigos invisibles del pueblo alemán constituían un peligro mayor aún que el mayor de los cañones que el enemigo llegase a utilizar.

Mend añadió que esto le inducía a proferir ataques e insultos contra los marxistas y los judíos. Otras veces *se sentaba en un rincón con el casco en la cabeza y no había manera de sacarle de su estado de meditación.*

Una de las cosas que más han asombrado a todos los biógrafos y a la opinión en general es que siendo Hitler nombrado cabo casi al comienzo de las hostilidades, no fuese ascendido en los cuatro años que duró aquella guerra. Lo cierto es que tampoco él solicitó ningún ascenso, contentándose por lo visto con ser un simple cabo, aunque gozando de las diversas distinciones con que fue galardonado.

Lo que sí es cierto es que Hitler gozó con la vida en el frente. Un individuo falto de calor de hogar, sin esposa, sin hijos, sin padres, podía disfrutar al fin de la camaradería de los demás soldados, quizá tan deprimidos como él, aunque por distintas causas. Así, Hitler pudo decir más adelante que la guerra *me causó una estupenda impresión, habiendo sido mi más grande experiencia.*

Hoy día sabemos, o creemos saber perfectamente, lo que pensaba Hitler cuando estaba «en un rincón del barracón con la cabeza entre las manos». Con toda seguridad, se afianzaba en él el sentido nacionalista alemán, y crecía su odio hacia el marxismo y los judíos, y naturalmente a cuantos eran durante aquella guerra los enemigos de su patria adoptiva, pues no hay que olvidar que él era austriaco, aunque renegase de Austria.

Y estas meditaciones, sin duda, fueron las que le condujeron por las rutas que emprendió cuando volvió a la vida civil.

Así cuenta Hitler en *Mein Kampf* su «gaseamiento» e internamiento en el hospital y final de la campaña:

En la noche del 13 al 14 de octubre (de 1918) *los ingleses empezaron a lanzar granadas de gas en el frente sur del sector de Ypres. Empleaban el gas «cruz amarilla», cuyos efectos no nos eran conocidos todavía por propia experiencia. Yo debí, pues, aquella noche experimentarlos. Hacia medianoche ya una parte de nuestra tropa quedó inutilizada y algunos camaradas perdidos para siempre. Al amanecer, también yo fui preso de terribles dolores que de cuarto en cuarto de hora se hacían más intensos. A las siete de la mañana, tropezando y tambaleándome, me dirigía hacia la retaguardia, llevando aún mi último parte del campo de batalla. Pocas horas más tarde, mis ojos estaban convertidos en ascuas y en torno a mí reinaban las tinieblas. En estas condiciones se me trasladó al hospital de Pasewalk en Pomerania, donde pasé la época de la revolución.*

Desfavorables rumores llegaban a menudo desde los círculos de la marina, donde se decía que fermentaban los ánimos. Pero todo esto me parecía que era más fruto de la fantasía de unos cuantos que nada de importancia. Bien es verdad que en el hospital mismo, todo el mundo hablaba de una anhelada y pronta conclusión de la guerra, pero nadie imaginaba que esa conclusión había de producirse de improviso. Era imposible para mí leer los periódicos. La efervescencia general aumentó el mes de noviembre.

Y un día la catástrofe irrumpió bruscamente. Los marinos llegaron en camiones proclamando la revolución. Los cabecillas en esta lucha por la «libertad, la belleza y la dignidad» de la existencia de nuestro pueblo eran unos cuantos mozalbetes judíos. ¡Ni uno solo había estado en la línea de fuego! En la última temporada mi salud había mejorado bastante. El dolor punzante de las cavidades de los ojos fue

desapareciendo lentamente y así pude distinguir vaga-
mente los contornos de los objetos. Me alentaba la
confianza de recobrar la vista, pensando que por lo
menos quedaría apto para ejercer alguna profesión.
Había perdido, no obstante, la esperanza de poder
volver a dibujar algún día como en los años de mi
juventud. Estaba, pues, en vías de restablecimiento,
cuando ocurrió aquello tan horrible.

CAPÍTULO VIII

LOS AÑOS INTERMEDIOS

No era solamente Hitler quien opinaba que los males de Alemania se debían a los grupos marxistas y a los judíos, que los apoyaban (esto, naturalmente, de acuerdo con la mentalidad de parte del pueblo alemán, especialmente los ultraderechistas).

Gran parte de Alemania opinaba lo mismo que él. En realidad, estas ideas provenían de un hecho: la rendición de Alemania a los ejércitos aliados. En efecto, hasta unos meses antes del fin de la guerra, los alemanes creían que el resultado del enfrentamiento bélico les sería favorable, habida cuenta de las victorias obtenidas y de su acercamiento a París. Pero, sin dar cuenta al pueblo, los últimos meses de la guerra fueron tan adversos a Alemania, gracias a la intervención americana, que cuando se pidió el armisticio, cuando se nombró un gobierno republicano para discutir las condiciones del mismo, los alemanes se sintieron engañados, y achacaron todos sus males a los socialdemócratas que ascendieron al poder. De ahí se derivaron los motines, las huelgas, las manifestaciones contra el paro derivado de la guerra, contra incluso las pérdidas que los aliados impusieron en el armisticio.

Hitler, sin trabajo, después de haber tenido solucionada su vida durante cuatro años en el cuartel o en el frente, fue también de los que creyeron que los culpables de todas sus desdichas y de las desdichas de Alemania, eran los que ostentaban el poder, amparados por los grupos judíos y los de izquierdas.

Por otra parte, una de las ciudades más sensibles al malestar alemán era Múnich, precisamente donde vivía Hitler. Y así, la revolución de 1918 se produjo antes en Múnich que en Berlín, y el rey de Baviera fue el primero en abdicar.

Los asesinatos políticos y los cambios de gobierno durante 1919 y 1920 fueron constantes, como un signo de los tiempos en Alemania. Y Hitler, tal vez como fruto de sus cogitaciones en los barracones cuarteleros del frente, pensaba que el poder sólo debe asentarse sobre la fuerza. Al mismo tiempo, se le agudizó su sentido discriminatorio, siendo entonces cuando empezó a pensar que la raza aria era la única inteligente del planeta, la única digna de sobrevivir, y que esta supervivencia justificaba cualquier acción, por violenta que fuese.

Ésta era la disposición de ánimo general y del propio Hitler, estado de ánimo que supo explotar hábilmente para sus fines. Aunque es cierto, por otra parte, que la rendición alemana marcó decididamente su existencia.

Un día, precisamente el 12 de setiembre de 1919, Hitler asistió, después de haber participado ya en algunos actos de carácter político, a una reunión de escasa asistencia, celebrada en un sótano de la cervecería Sterneckerbräu de Múnich, y en la misma, al oír hablar en favor del separatismo bávaro, arremetió con tal furia contra el orador, que unos días más tarde el presidente de la reunión, Anton Drexler, le invitó a un mitin del Partido Obrero Alemán.

Pese a unos comienzos turbios y poco alentadores, Hitler empezó a empujar al partido adelante. Así, se imprimieron folletos de propaganda en multígrafo y se publicó un anuncio en la prensa local, y cuando Hitler peroró por primera vez en la Hofbräuhaus Keller, en octubre, asistieron ya ciento once personas. Esto convenció al presidente del nuevo Comité, Karl Harrer, de que si Hitler poseía dotes de oratoria, eran muy especiales.

Sin embargo, Hitler siguió discurseando y ya en 1920 fue encargado de la propaganda del Partido. Luego, después de la creación de la primera oficina del Partido en la Sterneckerbräu de Múnich, se produjo la promulgación del programa de dicho partido en la Hofbräuhaus de la misma ciudad, el 24 de enero del mismo año de 1920.

Hitler, en 1922 fue condenado a tres meses de cárcel por interrumpir una asamblea de la Liga Bávara, lo que permitió que fuese acusado de alteración del orden público. Se llegó a discutir la expulsión de Hitler de Baviera, debido a su condición de austriaco, pero tal medida no se llevó a efecto. De todos modos, en su reclusión en la prisión de Stadelheim, Múnich, obtuvo una libertad condicionada.

No mucho más tarde participó en toda clase de mítines y algaradas, la mayoría ocasionadas por la ocupación del Ruhr efectuada por Francia, como castigo por el retraso en abonar Alemania sus deudas de guerra. Hitler y sus colaboradores más íntimos, entre los que se encontraba Ernst Roehm, militar de gran influencia en el Gobierno bávaro, se aprovecharon del malestar del pueblo ante dicha ocupación, no en realidad para que Alemania recuperase aquella zona industrial y carbonífera, sin la cual la nación alemana se hallaba sumida casi en la miseria más absoluta, sino (al menos esto buscaba Hitler) para lograr el derrocamiento de la República como tal, y promover una situación que permitiese la subida al poder de los nacionalistas ultras, cuyo más destacado líder era ya él, respaldado por Roehm y Dietrich Eckart, quien hasta su muerte, ocurrida en 1923, fue el verdadero consejero espiritual de Hitler.

Hitler vuelve a ser condenado

A causa de los manejos de Hitler durante los años 1920 a 1923, las relaciones entre Berlín y Múnich crecieron de punto hacia octubre de este último año, y cuando el diario nazi *Völkischer Beobachter,* portavoz del Partido Nacionalsocialista Alemán del Trabajo, atacó groseramente a altas personalidades gubernamentales, como el general Seeckt, a Stresemann y a Gessler, el ministro de defensa exigió el cierre de dicho diario, pero los encargados de este acto se negaron a ello, entre éstos el general Von Lossow, jefe del Ejército de Baviera, junto con Gustavo von Kahr, comisario del Gobierno central de Berlín, hombre de derechas, que no tardó en simpatizar con las ideas hitlerianas. Pese a todo, Hitler y Roehm desconfiaban de que tanto Lossow como Kahr les ayudasen abiertamente si promovían una situación peligrosa para Berlín.

Por eso, Hitler y sus colaboradores más íntimos, entre los que se contaba Hermann Goering, convocaron una reunión para el 8 de noviembre en la Burgerbräu Keller, donde se anunció que hablaría Kahr. A dicha reunión debían asistir asimismo Lossow y el príncipe heredero de Baviera, Ruperto.

En realidad, en dicha reunión participaron todos los conocidos en política dentro de la ciudad de Múnich. De pronto, después de haber hablado ya Kahr, irrumpió Goering en la sala, al mando de veinticinco hombres del partido, debidamente armados, y en medio del griterío y la confusión, Hitler se subió a una silla y disparó hacia el techo. Luego, se abrió paso hasta la tarima de oradores.

> *¡La Revolución Nacional ha comenzado! ¡Esta sala se halla tomada por seiscientos hombres armados! El Gobierno de Baviera y el del Reich han sido abolidos y acaba de formarse un Gobierno nacional provisional. Los cuarteles del Ejército y la Policía han sido ocupados y tropas y policías marchan hacia la ciudad con el emblema de la esvástica.*

Era cierto que en el exterior se hallaban unos seiscientos hombres armados, y en el vestíbulo una ametralladora. Además, gracias a la ayuda prestada por el antiguo jefe de la Policía de Múnich, Poehner, Hitler había logrado que el oficial de Policía de vigilancia en la sala no interviniera en nada. Entonces, dejando a Goering custodiando a los de la sala,

Hitler se llevó casi a la fuerza a Kahr, Lossow y Seisser, otro gubernamental implicado en el asunto, a una estancia contigua, en tanto iban en busca del general Ludendorf, gran caudillo del Ejército, de ideales derechistas, a quien Hitler necesitaba como jefe nominal de la rebelión.

Una vez en presencia solamente de Kahr y los otros dos, Hitler, dramáticamente, les intimó a unírsele en su levantamiento, agregando: «Tengo cuatro balas en mi revólver. Tres para mis colaboradores si me abandonan, y la cuarta para mí».

Se apuntó a la cabeza, según relató más adelante uno de los tres amenazados, y señaló:

«Si no obtengo la victoria mañana por la tarde, me mataré».

Sin embargo, sus palabras no obtuvieron el efecto apetecido, pues sus oyentes no tomaron en serio a Hitler. Pero éste, que no tenía escrúpulos cuando se trataba de conseguir sus fines, salió a la sala principal y anunció a los reunidos que los tres funcionarios se hallaban de acuerdo en formar, junto con él, un nuevo gobierno alemán.

Su discurso, pronunciado con la fogosidad que le caracterizaba, sí surtió efecto y todos los que se hallaban en la sala prorrumpieron en vítores y gritos de aprobación. Al oírlos, los tres personajes que estaban en la otra habitación se quedaron sumamente impresionados.

Fue entonces cuando se presentó Ludendorf, muy irritado por la acción de Hitler, así como por la distribución de cargos en el futuro gobierno, que a él le convertía en un muñeco bajo la dirección del dictador Hitler, pues éste le había reservado la jefatura de un ejército inexistente. Pese a esto, aconsejó a los congregados que secundasen el movimiento, que sería de salvación nacional.

Hitler había jugado una baza engañosa, no obstante, y a pesar del aparente apoyo prestado por Ludendorf, Lossow y los otros, la tentativa de rebelión fracasó por completo. Como resultado de este abortamiento, dieciséis nazis y tres policías quedaron heridos, cuando el día 9 por la mañana se produjo un violento tiroteo entre los rebeldes y fuerzas de la Policía bávara. A Goering le llevaron a una casa próxima al lugar del suceso, malherido. Todo era confusión, y sólo un hombre supo conservar la serenidad: Ludendorf, con su ayudante, el mayor Streeck.

Hitler, en cambio, perdió la serenidad y a los primeros disparos huyó violentamente, lo cual se compagina muy mal con la fama de valiente obtenida en la Primera Guerra Mundial.

Dos horas después capituló Roehm, siendo detenido bajo custodia. La esposa de Goering pasó a éste al otro lado de la frontera furtivamente. Hitler fue detenido el día 11 de noviembre, cuando estaba refugiado en casa de Putzi Hanfstägl, y atendido por la esposa de éste.

El juicio

El juicio por la intentona de levantamiento se celebró el 26 de febrero de 1924, en la antigua Escuela de Infantería de la Blutenburgstrasse. Duró 24 días y todos los periódicos alemanes se hicieron eco del mismo, asistiendo también numerosos corresponsales de prensa extranjeros. En realidad, fue un triunfo para el casi desconocido Hitler, cuyo nombre iba a traspasar las fronteras de Alemania, y mejor aún, las más reducidas de Baviera.

Y aprovechó la ocasión. Porque fue él, Adolfo Hitler, el verdadero protagonista de aquel juicio. Fue él quien llevó en todo momento la voz cantante, acusando incluso a los testigos o a sus camaradas de rebelión. En lugar de disculparse y tratar de reducir sus culpas, les pasó a Lossow, Kahr y Seisser la responsabilidad del fracaso. Luego, declaró:

> *Una cosa es verdad: Lossow, Kahr y Seisser tuvieron el mismo papel que yo y los demás, deseando liberarse del Gobierno del Reich, de su Parlamento y de su representación internacional. Si nuestro empeño —agregó— constituyó un delito de alta*

traición, entonces, durante todo ese tiempo, también
Lossow, Kahr y Seisser cometieron esa alta traición
conjuntamente con nosotros, pues durante esas sema-
nas no hablamos de otra cosa que del asunto del que
ahora somos acusados.

Naturalmente, esto era cierto, rigurosamente exacto, como les constaba a los jueces. Y Hitler prosiguió diciendo:

Asumo yo solo toda la responsabilidad, mas no
por eso soy un criminal. Si se me acusa por antici-
pado es porque me rebelé contra la revolución. No
puede existir alta traición contra los traidores
de 1918. Es imposible que yo haya cometido alta trai-
ción, porque la traición no alentó en mí ni en los
sucesos del 8 de noviembre, aunque sí estuvo pre-
sente en todas nuestras actividades y en el estado de
nuestro ánimo durante los meses anteriores. Y ahora
me pregunto: ¿Por qué los que hicieron exactamente
lo mismo no están sentados conmigo aquí? Si hemos
cometido alta traición, otros muchos la cometieron
también. Niego mis culpas en tanto no se sumen a mí
los caballeros que me ayudaron hasta en los más
mínimos detalles preparatorios del caso. Y creo ser
el mejor de los alemanes porque mi único deseo era
lograr lo mejor para Alemania.

Pero Lossow estaba enojadísimo. Y fue el único que se enfrentó con Hitler, mientras los jueces observaban el proceso de manera plácida. Lossow acababa de perder su carrera a causa de los sucesos de noviembre y ahora se veía obligado a escuchar cómo los restos de su reputación de militar consciente y honrada quedaban destrozados más allá de toda reparación. Y cuando pudo responder, lo hizo con el desprecio de un militar honorable hacia el agitador levantisco y estridente que no era más que un cabo del Ejército.

La tan conocida elocuencia de ese tambor polí-
tico que es Hitler me impresionó al principio, mas
a medida que le iba oyendo, se iba desvaneciendo
esa impresión, convenciéndome de que sus pala-
bras giraban siempre alrededor de un mismo tema
y que sus planes eran de los nacionalistas más exal-
tados, demostrando con esto carecer del sentido de
la realidad.

Finalmente, tras una breve deliberación, el veredicto del jurado fue muy leve en realidad. Pese a las pruebas aducidas, Ludendorf resultó absuelto de todo cargo, y Hitler recibió una condena de cinco años de prisión. Los jueces protestaron por esta pena, según ellos, tan grave, y el presidente del tribunal les aseguró que Hitler obtendría el perdón o al menos la libertad provisional. Y así, a pesar de los esfuerzos del ministerio fiscal por deportar al acusado principal del caso, Hitler quedó en libertad a los nueve meses de terminar el juicio. Como es fácil de comprender, al momento reanudó sus actividades antigubernamentales, con el fin de derrocar a la República germana.

Unos años más tarde, cuando Hitler recordó este juicio, advirtió:

Cuando el golpe de Kapp tocó a su fin y la
República procesó a los culpables, todos levantaron
la mano y juraron no saber nada, no haber intenta-
do nada, no ambicionar nada. Y eso fue lo que
destruyó al mundo burgués: la falta de valor civil
para sostener sus acciones. No tuvieron el valor para
enfrentarse a los jueces y decirles: sí, era eso lo que
queríamos lograr: destruir el Estado... El que uno
triunfe no es lo decisivo, lo necesario es que
uno debe poseer el heroísmo y el valor necesarios
para hacerse responsable de las consecuencias de
sus propios actos.

Apenas hacía dos años, en la vecina Italia, un antiguo maestro de escuela, Benito Mussolini, se había convertido en el verdadero hombre fuerte del país. De 41 años, hijo de un herrero y de una institutriz. Antes de la guerra del 14 formaba parte del ala radical de la socialdemocracia italiana. En 1912 era redactor jefe del órgano del partido socialista, *Avanti*. Poco después, creó su propio periódico, *El popolo de Italia*, publicado en Milán, desde el cual sostuvo posiciones de un extremado nacionalismo, lo que le valió ser expulsado del Partido Socialista Italiano (PSI).

En 1919, Mussolini creó los Fasci di combattimento (Agrupaciones de combate), con un programa anticapitalista y revolucionario. El grupo sufrió un fracaso electoral ese mismo año, y Mussolini imprimió entonces a los «Fasci» una orientación política más agresiva, concretada en:

1. Omnipotencia del Estado.

2. Protagonismo de las *elites*.

3. Rechazo de las débiles democracias y de las elecciones.

4. Subordinación de la mujer al marido y al hogar.

5. Exacerbado racismo por la *desigualdad* de los hombres.

6. Exaltación del jefe carismático, el *superhombre*, al que se debe obediencia ciega porque es infalible.

7. Xenofobia contra los judíos, capitalistas y marxistas, espoleada por la propaganda.

8. Imperialismo como expresión suprema del nacionalismo y necesidad del «espacio vital» para que se desarrolle el pueblo superior, a costa de los demás.

9. Corporativismo. Organismos familiares, municipales y de la empresa controlados por el Estado.

10. Peculiar estilo de vida: exaltación de la fuerza y la violencia, sacrificio, riesgo y espíritu comunitario.

El temor al crecimiento comunista hizo que numerosas fuerzas políticas y sociales italianas vieran en los fascistas el único dique capaz de impedir el desbordamiento revolucionario y esto facilitó notablemente el ascenso al poder de Benito Mussolini. El 28 de octubre de 1922 decenas de miles de militantes fascistas, los «camisas negras», de todo el país, se dirigieron a Roma para imponer por la fuerza la designación de su líder, el «Duce», como jefe de gobierno. Tras algunas vacilaciones, el rey Víctor Manuel III aceptó tan comprometedora petición. ¿Cuándo le tocaría el turno a Hitler? ¿Sería su programa un remedo del fascismo italiano, o, por el contrario, iría más lejos?

CAPÍTULO IX

MEIN KAMPF

Hitler estuvo en la cárcel, situada en el pueblo de Landsberg, en el valle del Loch, desde el 11 de noviembre de 1923 al 20 de diciembre de 1924, con la interrupción del juicio que se había celebrado en Múnich.

Cuando comenzó el verano de 1924, unos cuarenta nacionalsocialistas compartieron la cárcel con él. El régimen penitenciario era tan magnífico que Hitler incluso engordó, y pudo recibir numerosas visitas. Se paseaba por el jardín de la prisión vestido, según más tarde describió la nieta de Wagner, con pantalón corto de cuero y chaqueta tirolesa.

Primero, su acompañante y casi secretario fue Emil Maurice, pero esta responsabilidad pasó más adelante a manos de Rudolf Hess, el cual volvió voluntariamente de Austria para compartir la cárcel con su ídolo Hitler. (Teniendo esto en cuenta, ¿cómo se explica su posterior fuga a Inglaterra en plena Segunda Guerra Mundial?) Fue en la cárcel, pues, donde a partir del mes de junio empezó a dictar la obra *Mein Kampf*, primero a Maurice y luego a Hess, que fueron sus amanuenses.

Max Ammann, que iba a publicar la obra, pensó en principio que Hitler haría en la misma importantes revelaciones acerca de los hechos de noviembre, pero Hitler no lo hizo en modo alguno. Tituló el libro *Cuatro años y medio de lucha contra la mentira, la estupidez y la cobardía*. Era un título invendible, y Ammann, con muy buen sentido comercial, lo cambió por *Mein Kampf* («Mi lucha»).

71

Esto aparte, antes de ingresar en la cárcel, Hitler pudo enviarle a Rosemberg un mensaje escrito a lápiz: «Querido Rosemberg: deseo que desde hoy en adelante, usted dirija el movimiento».

En realidad, el partido nacionalsocialista se estaba desmoronando, y más aún después de los sucesos de noviembre. Pero podría resultar extraño que Hitler eligiese precisamente a Rosemberg como dirigente del partido. En efecto, Rosemberg era un hombre atildado, y nunca fue un individuo de acción. Le resultaba difícil tomar decisiones o imponer su autoridad.

Sin embargo, fueron precisamente estas cualidades, o esta falta de ellas, las que decidieron a Hitler a escogerle para sustituirle... provisionalmente. Otro personaje con más poder de autoridad, más decidido, hubiese podido desbancarle a los ojos de sus seguidores, usurpando de este modo el lugar de Hitler. Esto no sucedería con Rosemberg. Y Hitler,ególatra hasta el límite máximo, ansioso de poder, podía pasar tranquilo su condena carcelaria, seguro de que una vez en libertad sus partidarios sólo verían en él al jefe indiscutible del partido.

Hitler, en libertad

Mientras Hitler estuvo preso, Roehm, que había quedado en libertad tan pronto como se pronunció la sentencia, seguramente por sus influencias como militar, inmediatamente empezó a ocuparse de reunir a las unidades de choque del partido.

> *Muchos hombres a los que me dirigí* —dijo más tarde Roehm— *eran verdaderos* condottieri, *como el capitán Von Heydebreck y Edmund Heines.*

Todos aceptaron jubilosamente las tareas asignadas por Roehm, y los frentes de vanguardia, como fueron llamados,

Hitler, en la cárcel por el proceso que tuvo lugar entre el 26 de febrero y el 1 de abril de 1924.

aumentaron con gran rapidez, teniendo en cuenta que Roehm era un organizador hábil, con una inagotable energía.

Sin embargo, a medida que Roehm iba obteniendo éxito en su labor, crecía la inquietud de Hitler, pues la actividad de aquél disminuía las probabilidades que el segundo tenía de verse en libertad.

Efectivamente, el Gobierno de Baviera arrestó a algunos oficiales de dichos frentes de vanguardia, y difirió la libertad provisional de Hitler, el cual esperaba salir de la cárcel a los seis meses justos de dictarse la sentencia.

> *Hitler, Kriebel y Weber* —escribió más adelante Roehm— *no se daban clara cuenta de lo que estaba en juego. Veían peligrar su anhelada libertad y culpaban de ello no al enemigo, sino a los amigos que luchaban por ellos.*

Hitler también estaba preocupado por el carácter militarista que Roehm le daba al partido, en contra de sus previsiones. Esos dos hombres jamás estuvieron de acuerdo, pese a su gran compenetración, acerca de las funciones de las antiguas fuerzas de choque.

Hitler deseaba que las funciones de este cuerpo fuesen primariamente políticas, mientras que Roehm consideraba que unas fuerzas de choque debían ser forzosamente militares y policiacas.

Un año después de salir Hitler de la cárcel, los desacuerdos dentro del partido habían llegado a tal punto que la fuerza nazi parecía estar abocada a desaparecer de Alemania. Las elecciones parlamentarias de diciembre de 1924 confirmaron este estado de cosas, ya que sólo hubo una obtención de catorce escaños en el nuevo Reichstag para los nacionalsocialistas, en comparación con los treinta y dos que contaban antes. Hitler ya había dicho al salir de la prisión que necesitaría cinco años para volver a fortalecer el partido.

Desacuerdos y desuniones

La vuelta de Hitler a la luz del sol (de la que no había dejado de gozar dentro de la cárcel), no significó el final de las querellas y desacuerdos en el seno del partido. Al contrario: el 12 de febrero, Ludendorf, Von Graefe y Strasser renunciaron a la dirección del National Sozialistische Freiheitsbewegung, y éste quedó disuelto. Y tras el fracaso en las elecciones presidenciales efectuadas aquella primavera, la ruptura entre Hitler y Ludendorf fue inaplazable. Tampoco hubo acuerdo con una petición formulada por Roehm acerca de las fuerzas de choque, y aquél pidió una decisión con respecto a las fuerzas de choque. La negativa de Hitler a responder a la solicitud de Roehm, así como la ausencia de Goering, que todavía se hallaba fuera de Alemania, la renuncia de Roehm y su retiro de la política, junto con la muerte de Poehner en accidente de tráfico, impedían que Hitler pudiera dedicarse a reconstruir el partido, pues contaba ya con unas fuerzas harto menguadas.

Cuando Hitler salió de la cárcel lo primero que hizo fue ir a saludar al jefe del Gobierno bávaro y líder del Partido Católico del Pueblo, el doctor Heinrich Held. La visita tuvo lugar el 4 de enero de 1925. Fue una entrevista fría, en la que Hitler admitió que los sucesos del 8 de noviembre habían constituido un error y que su único objetivo había sido ayudar al Gobierno a combatir al marxismo. Pese a las demostraciones de amistad de Hitler, Held se mostró displicente, no creyendo en las palabras de su visitante. Sin embargo, al final convino en levantar la interdicción que pesaba sobre el partido y el periódico portavoz del mismo, el cual reapareció entre el 21 y el 26 de febrero, con un editorial muy largo del propio Hitler, titulado: «Un nuevo principio».

Al día siguiente, Hitler convocó una reunión en la Bürgerbräu Keller. Telefoneó a Anton Drexler pidiéndole que fuese el presidente de la asamblea, pero como éste exigió la exclusión de Esser, Hitler lo envió a paseo, colgando el aparato. Strasser, Roehm y Rosemberg tampoco estuvieron presentes, siendo Max Ammann quien presidió la junta.

Hitler tomó la palabra y enardeció a sus oyentes, los cuales se estrecharon las manos al final como señal de reconciliación. Todos estuvieron de acuerdo en que era preciso seguir a Hitler adonde quiera que fuese.

De todos modos, Hitler no estaba aún tranquilo, pues sobre su cabeza pendía una espada de Damocles: la expulsión de Baviera, por su condición de extranjero. En los archivos de la Policía austriaca, en relación con el problema de la ciudadanía de Hitler, existe una interesante correpondencia mantenida entre el abogado de Hitler, el cónsul general de Austria en Múnich, y las autoridades de Viena. En dicha correspondencia pueden observarse las inquietudes de Hitler acerca de su estado civil en Baviera.

Por otro lado, el Gobierno de Berlín había logrado, mientras Hitler estuvo en la cárcel, mejorar su situación, tanto interna como externamente, lo cual no favorecía los levantamientos en contra de la República.

Por todo eso, y aún más, después de las elecciones presidenciales de 1925 que dieron la victoria a Ebert como presidente de la República de Weimar, y el fracaso de Ludendorf en las elecciones de la primavera, en las que los nazis habían presentado a aquél como su candidato, no obteniendo más que 211.000 votos entre unos 27 millones, dificultaron la tarea subversiva de Hitler de una manera casi insuperable. Las masas no hacían caso de sus discursos. Además, resultaba muy difícil conseguir dinero para el partido, y esta dificultad se prolongó hasta el año 1929.

Como además Hitler tenía prohibido pronunciar discursos en público entre 1925 y 1928, se vio obligado a escribir sus ideas. El primer tomo de *Mein Kampf* se publicó en el verano de 1925, corregido y pulido por el padre Bernahrd Stempfle, de la orden de los Jerónimos. El libro constaba de cuatrocientas páginas, y costaba 12 marcos el ejemplar. Las ventas no fueron demasiado voluminosas, al menos hasta el año 1929 en que se vendieron unos 50.000 ejemplares, después de haber salido ya el segundo tomo en 1928. A finales de 1940, se habían vendido de la obra 6 millones de ejemplares: ¡la ambición de cualquier autor!

Hitler, pues, empezó a vivir de los derechos de autor y de sus colaboraciones en diversos periódicos, aparte del de su partido. Según datos obtenidos de Hacienda y también en el archivo particular del interesado, Hitler se llamaba a sí mismo escritor, declarando que sus ingresos eran 19.843 marcos en 1925, y 15.448 en 1929. En realidad, eran las cantidades que recibía por los derechos de *Mein Kampf.*

Esto, más las cantidades, casi siempre exorbitadas, que exigía por los artículos de los periódicos de derechas, le permitieron alquilar en 1928 una villa, Haus Wachenfeld, en la Obersalzberg, por 100 marcos mensuales.

Al año siguiente, Hitler alquiló un piso muy grande, en la lujosa calle Prinzregenten de Múnich, e instaló a un ama de llaves, Frau Winter. También adquirió un coche por un precio superior a los 20.000 marcos. Al principio, no conducía él, sino su chófer. Aparte de este chófer, tenía una secretaria particular, llamada Hess, que recibía 300 marcos al mes por sus servicios.

Pero aparte de estos personajes, que formaban el entorno privado del futuro Führer, ¿quiénes eran los verdaderos colaboradores suyos, los que iban a ayudarle, no sólo a llegar a la cima del poder, sino también durante la futura guerra mundial?

Hitler, de extracción relativamente modesta, forjó su exaltada personalidad en el yunque de una vida de lucha y de privaciones (a veces buscadas por él por su espíritu bohemio), y llegó al convencimiento de que dentro de la estructura de un pueblo no caben preferencias odiosas por una clase detentadora hasta entonces del poder o la riqueza, sino un espíritu de comprensión mutua por los miembros de la raza superior, base de este pueblo, consiguiendo así la justa valoración de sus méritos, no importa los métodos que se empleen, elevando así en definitiva el conjunto de la nacionalidad al lugar que le corresponde.

El fenómeno Hitler es un hecho histórico que ni las simpatías ni las antipatías podrán borrar jamás, y de su libro *Mi lucha* puede decirse que ha entrado de lleno en la Historia, como *El Manifiesto Comunista* o *El Libro Rojo* de Mao Zedong.

En la actualidad, con una perspectiva de más de medio siglo, debería haberse alcanzado el suficiente distanciamiento para afrontar su valoración con frialdad y extraer unas conclusiones aceptadas por todos. Sin embargo, las cosas no son desgraciadamente así, tal vez porque desafortunadamente los dictadores continúan siendo una realidad y porque sigue sin existir acuerdo sobre el fenómeno de las dictaduras, ¿una serie de bribones o una galería de superhombres y semidioses?

La palabra «dictador», y su derivado «dictadura», es de procedencia latina, pues en su origen se trata de un magistrado nombrado por el Senado romano y dotado de poderes excepcionales durante seis meses (renovables) para controlar situaciones políticas de extrema gravedad o sofocar algún levantamiento. Tras la Revolución Francesa el término pasó a designar una forma de gobierno opuesta a un sistema liberal y democrático. En sentido amplio engloba: dictaduras militares, dictadura del proletariado, fascismo italiano, nazismo alemán, etcétera.

CAPÍTULO X

LOS COLABORADORES DE HITLER

Tal vez el más destacado amigo y colaborador de Adolfo Hitler, aunque no gozó de tal situación privilegiada sino hasta 1934, como veremos más adelante, fue Ernst Roehm, para quien el Ejército era su misma vida (aparte de sus aficiones homosexuales). Las memorias de Roehm comienzan diciendo escuetamente: «Sólo tuve un anhelo y una idea desde mi niñez: ser soldado». De todos modos, era un hombre sumamente independiente y de carácter indomable, lo cual le impidió acomodarse fácilmente a la disciplina castrense. Por lo tanto, renunció al servicio activo en 1923, a pesar de lo cual fue un eslabón muy valioso para las autoridades militares y fue él quien, más que nadie, formó las fuerzas de choque del partido nacionalsocialista.

Otros dos oficiales gozaban también de la amistad de Hitler, junto con Roehm: Rudolf Hess, hijo de un comerciante alemán, natural de Alejandría, menor que Hitler en edad, pero que había servido en el mismo regimiento que éste antes de ser piloto de las fuerzas aéreas. Cuando concluyó la Primera Guerra Mundial, ingresó como alumno en la Universidad de Múnich, donde obtuvo un diploma por una tesis cuyo lema era: *¿Cómo ha de ser el hombre que dirija Alemania a su altura acostumbrada?*

Personalmente, Hess era un joven algo estúpido y solemne, que tomó muy en serio la cuestión política. Admiraba profundamente a Hitler, y llegó a ser su secretario y su devoto discípulo. Fue gracias a él que Hitler conoció las teorías geopolíticas de Karl Hallshofer, general retirado y catedrático de la Universidad de Múnich.

Hermann Goering era un personaje muy distinto de Hess. Era el último comandante del escuadrón fracasado Richthofen, y poseía la más alta condecoración alemana por heroísmo en la línea de fuego: la Medalla Pour le Mérite. Tenía cuatro años menos que Hitler, habiendo llegado a Múnich en 1921, sin propósito alguno, al parecer, aunque deseaba estudiar en la Universidad, la más famosa de Alemania. En 1922 oyó hablar a Hitler, y como tantos otros sintiose atraído por sus ideas o, por mejor decir, por su palabrería, y no tardó en ocupar el puesto de comandante en las fuerzas de choque.

Otros miembros del partido fueron Gottfried Feder y Dietrich Eckart, los cuales ingresaron en el mismo antes que Hitler, cuando se llamaba todavía Partido Obrero Alemán; Feder era ingeniero civil, y abogaba por la supresión de lo que denominaba «esclavitud del interés en economía», en cuyo tema parecía un maniático por lo mucho que se refería al mismo. Hitler quedó bien impresionado por ese individuo, hasta el punto de citarlo varias veces en *Mein Kampf*. Pero cuando Hitler ascendió al poder ya había perdido toda la protección de éste, y continuó militando en el partido de manera oscura.

Eckart era mayor que Hitler, y su profesión era la de poeta, dramaturgo y periodista de escaso relieve. Era un perfecto bávaro, gordinflón, amante de la buena cerveza, del mucho hablar, y frecuentador asiduo de tabernas y bares. Fue amigo íntimo de Roehm, con lo que esa palabra pueda implicar y, como éste, un convencido nacionalista y antisemita extremado, con ideas también anticlericales. Cuando terminó la Primera Guerra Mundial, llamada a la sazón solamente Guerra Europea, Eckart editaba una hoja de literatura mordaz, titulada *Auf Gut Deutsch*, pero después llegó a ser el editor del periódico oficial del partido hitleriano. Fue Eckart quien infundió principalmente en Hitler el amor por la lectura, prestándole libros, corrigiendo su oratoria y también su estilo. Fue Eckart quien presentó Hitler a los habitantes de Obersalzberg, donde se hospedaba a menudo en la pensión Moritz con la amante de Eckart, Anna Hoffman, Herman Esser, Drexler y el doctor Emil Gansser. Eckart también era amigo de unos fabricantes de pianos famosos, los Bechstein. Y fue la señora Bechstein la que llegó a organizar reuniones en Berlín para que sus amigos conociesen al nuevo enviado celeste, Adolfo Hitler. Llegó al extremo de visitarle en la cárcel y reunió fondos para el partido. Fue asimismo Eckart quien presentó a Hess y Rosemberg a Hitler.

Alfredo Rosemberg era un refugiado de origen alemán por su familia, aunque él era natural de Reval, pueblo del Báltico. Estudió arquitectura en Moscú, pero huyó de allí cuando se inició la Revolución. Gracias a Rosemberg, que sucedió a Eckart como editor del periódico del partido, en 1923, Hitler estuvo en relación con un grupo de emigrados antibolcheviques y antisemitas. Eckart y Rosemberg fueron, sin duda, los individuos que más influencia ejercieron sobre Hitler en los primeros años de lucha. Es natural que Rosemberg, que era arquitecto, impresionase favorablemente a Hitler, habida cuenta de su afición por esa materia. Además, las teorías pedantes de Rosemberg sobre temas racistas y sociales indujeron a Hitler a considerarle el único heredero del manto de Houston Steward Chamberlain, y el gran profeta del nuevo Waltnschauung racista.

En el verano de 1923, Hitler visitó la residencia de la familia Wagner en Beyreuth, sitio que Hitler siempre consideró sagrado. Le causó una viva impresión a Winnifried Wagner y también al anciano Houston Chamberlain, esposo de una hija de Ricardo Wagner. Chamberlain le escribió más adelante una misiva a Hitler en la que entre otras cosas proclamaba:

> *Mi fe en los alemanes nunca vaciló, pero debo confesar que mis esperanzas se habían hundido. Usted transformó de un golpe mi estado de ánimo.*

Éstos eran los compañeros de Hitler en aquellos años anteriores a su subida al poder. Había, claro está, otros muchos, siendo entre éstos el más destacado Hoffmann, un tipo bávaro, borrachín impenitente, que apenas entendía de política, pero que gozaba del único permiso para fotografiar a Hitler.

El primer sargento mayor de Hitler fue Max Ammann, individuo tosco, pero de suma confianza en lo tocante a negocios. Ulrich Graf, guardaespaldas de Hitler, había sido ayudante de matarife y luchador por afición, y gustaba mucho de las riñas y reyertas. Christian Weber era semejante al anterior, tratante en caballerías, de una gran fuerza física y un aspecto impresionante.

Mucho más adelante se unirían a Hitler hombres como Goebels, Keitel y Von Ribbentrop. Todos ellos admiradores de Hitler... aunque muchos también decididos a aprovecharse del poder del Führer en beneficio propio.

Joseph Goebbels, que llegaría a ser ministro de Propaganda del Reich, había nacido en 1897 en Rheydr y era hijo de un maestro de obras católico. No pudo alistarse en el Ejército en la Primera Guerra Mundial a causa de la deformidad de un pie. Gracias a la conducta estrictamente religiosa de sus padres, recibió una beca de la sociedad eclesiástica Alberto Magno y en 1922 consiguió el doctorado en la prestigiosa Universidad de Heildelberg. Estando sin trabajo, ingresó aquel mismo año en el Partido. Al principio su fe en Hitler no fue muy decidida; gracias a su fantasía, a sus dotes de orador y a su extraordinaria energía, se convertiría pronto en el propagandista más importante del Nazismo. En 1926, Hitler, le nombró jefe del distrito de Berlín, donde sólo existían quinientos partidarios. En el espacio de pocos años centuplicó el número, aprovechándose de una burguesía atemorizada por la crisis económica.

Wilhelm Keitel. Nacido en Harz en 1882. Entre los años 1929 y 1934, dirigió el departamento de organización del

Hitler paseando por Múnich con otro de los organizadores del Partido Nazi.

Ejército de la república de Weimar primero y, después, en el Ministerio de Defensa del Reich.

Joachim von Ribbentrop. Hijo de un oficial prusiano de procedencia burguesa, nacido en 1893. Marchó a Canadá antes de la Primera Guerra Mundial y regresó a Alemania al iniciarse aquélla. No entraría a formar parte del partido hasta 1933. Hitler le nombraría ministro de Relaciones Exteriores.

Gragor Strasser. Nacido en 1892 en Geinsenfeld, fue uno de los dirigentes organizadores del partido. Propietario de una farmacia, ingresó en el Nacionalsocialismo el año 1921. Fue condenado a año y medio por participar en el «putsch» de 1923, pero pronto obtuvo la libertad. Dirigió el ala más liberal del partido. Organizó el mismo en el norte de Alemania junto con su hermano Otto, que en 1930 lo abandonaría. En 1932 fue nombrado dirigente organizador, pero su postura radicalsocialista hizo que tras retirarse de la política fuera asesinado por orden de su antiguo secretario Himmler, en 1934.

Los otros colaboradores hitlerianos no tendrían mejor suerte: Goebbels se suicidaría junto con su «señor» en el búnker de la Cancillería el 1 de mayo de 1945, y Keitel y Von Ribbentrop fueron condenados a muerte por el tribunal de Núremberg (noviembre de 1945) y ejecutados.

CAPÍTULO XI

LAS MUJERES EN LA VIDA DE HITLER

Un retrato de Adolfo Hitler no sería completo sin un esbozo de su vida sentimental. Porque efectivamente, la tuvo como cualquier otro hombre. Lo que ocurrió es que, después de su ascensión al poder, dejó de lado casi por completo sus sentimientos personales para dedicarse y absorberse por entero a lo que él siempre consideró su deber, su verdadera vocación: la grandeza de la raza aria y de Alemania por encima de todos los demás pueblos del planeta, de todas las demás razas. Y esto a pesar de que es muy posible que sus orígenes fuesen precisamente judíos.

Muchas mujeres, algunas de ellas incluso casadas, se han considerado amantes de Hitler. Estas fueron principalmente, Viktoria von Dirksen, a la que los nacionalsocialistas llamaban en secreto «madre de la Revolución».

Helene Bechstein, esposa del fabricante de pianos Bechstein, gran amigo y sostenedor de Hitler. Gertrud von Seidlitz, que protegió a Hitler en sus años duros. Elsa Bruckmann, mujer del editor de Múnich Hugo Bruckman.

También se cita a Erna Hanfstaengl, hermana de un amigo de Hitler, que a resultas de una broma algo macabra tuvo que emigrar a América. Carola Hoffmann, viuda del director de una escuela muniquesa; una finlandesa llamada Von Seydl; la princesa Stephanie von Hohenloe, separada de su marido; la hermana del chófer particular de Hitler, Jenny Haug, Susi Liptauer, paisana de Hitler. Eleonore Bauer, ex monja, que por su admiración hacia Hitler tomó parte en la marcha hacia la Feldherrnhalle de Múnich, y que más adelante tuvo un hijo que fue educado a cargo del partido hitleriano. María Reiter, que en 1938 visitó a Hitler en diversas ocasiones, y que en 1945 pasó a vivir con Paula, la hermana del dictador; Martha Dodd, hija del embajador norteamericano en Berlín, William Dod; lady Unity Mitford, hija de lord Redesdale y nuera del jefe de los fascistas ingleses, Sir Oswald Mosley; Sigfrid von Laffert, cuyo origen se desconoce; Inga Ley, ex actriz y esposa de Robert Ley, y finalmente Geli Raubal (Ángela era su verdadero nombre), hija de Ángela Hitler, la hermanastra de Adolfo.

Hubo también en la vida sexual de Hitler una serie de actrices y bailarinas, todas jóvenes y bellas.

Sin embargo, es más que dudoso que Hitler mantuviese con todas las mencionadas relaciones íntimas, e incluso se duda de que tuviese amistad con la princesa de Hohenloe o con Jenny Haug. Sin embargo, es casi seguro que Hitler fue el culpable de varios intentos de suicidio, uno de ellos logrado. Entre las que intentaron suicidarse por Adolfo Hitler se cuentan, al parecer, Marta Dodd, la hermosa desconocida, María Reiter y Eva Braun. Geli Raubal, a la que Hitler llamó a Múnich en 1928, y al instante se convirtió en su amante, realmente en su gran amor, se disparó un tiro el 18 de septiembre de 1931, cuando creyó estar embarazada del Führer.

Hitler sabía que causaba un gran efecto en las mujeres y supo aprovecharse de ello. El mismo Hitler dijo en cierta ocasión:

> *Entre mis amigas maternales sólo la anciana esposa del director Hoffmann se mostró siempre de una solicitud bondadosa. Incluso en casa de la señora Bruckmann me sucedió que a una dama de la sociedad de Múnich no la volvieron a invitar nunca estando yo, después de que la dueña de la casa sorprendiese*

una mirada que aquélla me lanzó en el salón, cuando
yo me incliné una vez más para saludarla. Era muy
bella, pero no hubo más. Conozco a una mujer que
enronquecía cuando yo cruzaba con ella un par de
palabras.

Pese a este atractivo que Hitler ejercía sobre las mujeres, siempre se burlaba de ellas y del matrimonio cuando se hallaba en compañía sólo de hombres. Y así, el 26 de enero de 1942 llegó a decir:

Lo peor del matrimonio es que crea pretensiones
legales. Es mucho más práctico tener una amante.
A todo hombre le es posible imprimir su personalidad
en una mujer... que es lo que ellas desean en realidad.

Pero a pesar de despreciarlas, Hitler lograba hacer que todas las mujeres creyeran que las adoraba. Con ellas era muy cortés, besándoles la mano fervientemente, incluso a sus secretarias casadas. Delante de las mujeres, su voz, casi siempre áspera y autoritaria, adquiría una sonoridad suave, acariciadora. Si a sus colaboradores más inmediatos les tenía prohibido fumar en su presencia, no guardaba el mismo rigor con sus ayudantes femeninas.

Hitler, se ha dicho, jamás experimentó un amor profundo y duradero por ninguna mujer. Pero esto se contradice con lo que sí sintió por Geli, su sobrina, que era diecinueve años más joven que él. Cuando la joven se suicidió en 1931, Hitler pensó en matarse a su vez; después, se apartó por completo de cuanto le rodeaba, y padeció una grave depresión. La habitación de Geli en su casa de la Prinzregenten sólo podían pisarla él y su ama de llaves. Más adelante colocó en la Cancillería un busto de Geli, debido al escultor Josef Thorak. Y en su testamento privado dedicó un recuerdo a su gran amada Geli. Se ha aducido como prueba de su teatralidad que ya se había repuesto de su dolor muy poco después de aquel suicidio, y que precisamente Eva Braun intentó quitarse la vida quince meses después de la muerte de Geli.

Eva Braun

Hitler conoció a Eva Braun en el año 1929, en la casa de su compañero de guerra Heinrich Hoffmann, e inmediatamente se sintió atraído por aquella muchachita rubia, de diecisiete años, hija de un profesor y alumna de un colegio de monjas. Era la época en que Geli era la amante exclusiva de Hitler, pero siempre que éste visitaba a Hoffmann buscaba la compañía de Eva, la cual sentía una enorme simpatía por Hitler, pese a la oposición de su padre y su hermana mayor, Ilse, secretaria del médico judío Martín Levi Marx.

Luego, a partir de 1930, empezaron a verse con bastante asiduidad, y Hitler la invitaba al cine, a comer fuera de casa y a excursiones por los alrededores de Múnich. Las noches, en cambio, pertenecían a Geli Raubal. Ésta no tardó en darse cuenta de la atracción que Eva ejercía sobre su tío-amante, pero se hizo cargo de la situación, lo mismo que Eva la comprendía por su parte. Cuando Geli falleció en septiembre de 1931, le llegó el turno a Eva, que amaba desinteresadamente a Hitler, hasta el punto de sacarle de su depresión y darle nuevas ansias de vivir. Fue a comienzos de 1932 cuando Hitler convirtió a Eva Braun en su amante. Eva ya jamás se separó de su lado, pese a sus enfados ocasionales por celos. No obstante, Hitler se negó durante trece años a casarse con ella. Y finalmente, el casamiento entre Adolfo Hitler y Eva Braun se efectuó en el instante más desfavorable posible, siendo en realidad un acto de abnegación por parte de ella y de reconocimiento hacia ella por parte de él.

En la vida de Hitler, sin embargo, es preciso tocar un punto un poco escabroso, buscando respuesta a una pregunta que siempre se han planteado sus biógrafos: ¿Tuvo Hitler tendencias homosexuales?

Una opinión

Para responder a tal pregunta, citaremos unos párrafos de la obra del profesor W. Taylor, referente a los campos de concentración nazis, en la que, entre otras cosas dice:

> *Se ha hablado, se ha escrito mucho y se ha comentado aún más sobre la naturaleza y el carácter de Adolfo Hitler. Ciñéndonos aquí sólo al aspecto sexual, podría casi afirmarse que Hitler fue en el sexo tan maniaco como en todo lo demás, si bien sabedor del papel mundial que ocupaba y cegado por la frenética ambición que le invadía, dejó de lado sus apetencias sexuales (también minado por sus enfermedades), tal vez en espera del día de la victoria final para resarcirse de los años de casi abstinencia. Pero resulta bastante clara la homosexualidad de Hitler. Aparte de tener entre sus amigos y colaboradores más íntimos a varios homosexuales declarados, cuya debilidad él conocía y no sólo perdonaba sino que toleraba, sólo hay que recurrir al famoso caso de Ernst Roehm para saber a qué atenernos al respecto.*

Ernst Roehm, jefe del Estado Mayor de las SA

> *En efecto, Roehm dominaba las SA, junto con un grupo de homosexuales como él. Y jamás había ocultado sus inclinaciones. Decía que no pretendía contarse en el número de los seres humanos perfectos ni tenía el menor deseo de mantener relaciones con ellos. Además, se quejaba de que el Estado, todos los Estados, siempre deseaba guiar el esfuerzo humano por senderos que no eran los suyos.*
>
> *Con el mayor cinismo despreciaba los ataques de que era objeto por parte de los dirigentes nacionalsocialistas, como Alfred Rosemberg, del que decía que era un imbécil, un moralista y un mal atleta.*

Sabía que los artículos de éste iban dirigidos contra él, particularmente porque Roehm no tenía reparos en exponer sus ideas homosexuales.

La inclinación patológica de Roehm llegó incluso a conocimiento de los tribunales por intermedio de un rufián llamado Hermann Siegesmund, a quien Roehm acusó de robo.

En efecto, el 13 de enero de 1925, Roehm, que se hallaba aquella noche en el Marienkasino de Berlín, ofreció unas cervezas a Siegesmund, después de lo cual inició la charla habitual de los primeros tanteos homosexuales. Más adelante, ante los tribunales, Siegesmund declaró: «Estando en la habitación del hotel, completamente vestido, eso sí, el capitán Roehm sacó una pitillera del bolsillo, y al hacer ese gesto se le cayó un papel al suelo. Minutos más tarde se marchó de allí, puesto que el capitán Roehm me había hecho unas proposiciones indignantes respecto a un comercio carnal antinatural. Ya en la calle, examiné el papel que yo había recogido sin que de ello se apercibiera ese marica, y vi que era el resguardo de una maleta a su nombre». Como es natural, la versión exacta debió de ser totalmente distinta a lo manifestado por Siegesmund, pero sea de ello lo que fuese, lo cierto es que el bribón fue a retirar la maleta y en su interior halló una gran cantidad de papeles comprometedores, lo que originó un escándalo mayúsculo.

Hitler, por su parte, no desconocía las desviaciones sexuales de Roehm, aunque lo consideraba un asunto particular de éste. Tan pronto como Roehm ocupó el puesto de jefe del Estado Mayor de las SA, Hitler envió una orden especial en la que declaraba que las SA «no son una organización pedagógica para señoritas de la buena sociedad, sino una federación de valerosos luchadores». Mas, por otra parte, *rechazó toda acusación contra Roehm alegando que pertenecían a asuntos de su vida privada que ni siquiera estaban probados.*

Pero las aventuras de Roehm no se ciñeron siempre a su vida particular. Las SA no sólo le sirvieron para satisfacer sus anhelos políticos, sino también los eróticos. Varios alcahuetes de la organización le proporcionaban a Roehm los individuos que más podían agradarle, y si alguno se oponía a sus caprichos, sus servidores lo azotaban hasta doblegarlo al tirano.

Se sabe que el principal abastecedor de Roehm fue un tal Peter Granninger, dependiente de comercio, que también mantenía relaciones sexuales con Roehm desde 1928, el cual entró a formar parte de las SA como una tapadera. Este sujeto buscaba amigos para Roehm a cambio de doscientos marcos mensuales. Granninger solía apostarse ante la escuela Gisela de Múnich para acechar y tantear a sus víctimas. De este modo, le proporcionaba en algunas ocasiones hasta una docena de escolares. Entre tanto, otros amigos afeminados de Roehm llegaron hasta los más elevados puestos de las SA. Así, el círculo de Roehm llegó a componerse exclusivamente de los habituales de Granninger y los homosexuales de las SA.

La irrupción de Hitler

El propietario de la Bratwurstgloecki, un tal Karl Zehnter, al que Granninger conocía, y el jefe de las SA de Berlín, Edmund Heines, al que el propio Hitler tuvo que apartar de las SA en 1927 por sus actividades y actitudes homosexuales, formaban parte del círculo Roehm. Y el nuevo jefe de las SA berlinesas, Karl Ernst, estaba emparejado con el capitán Roehrbein, quien, además, se encontraba con Roehm en ciertos locales exclusivos para homosexuales. Pues bien, a pesar de tratarse de un asunto tan claro, Hitler siempre hallaba excusas para Roehm, alegando que su homosexualidad no estaba demostrada.

Claro que de haber existido pruebas fehacientes, Hitler hubiera tenido que obrar en consecuencia, destituyendo a su amigo Roehm, por lo menos. Sin embargo, éste y unos amigos suyos se cuidaron de hacer desaparecer tales pruebas.

Más adelante, cuando, como se sabe, salió al dominio público el caso Roehm, con lo que éste perdió el apoyo de Hitler y fue arrestado, el canciller aún defendió a su amigo contra los malévolos ataques de Himmler y Heydrich, ambos declarados adversarios de Roehm, ansiosos de desprestigiarlo.

Adolfo Hitler también ejerció el papel de traidor, puesto que tras haber defendido a Roehm en múltiples ocasiones, se volvió finalmente contra él, exclusivamente por miras políticas. Fue el propio Hitler quien partió hacia Bad Wiesse con dos coches de escolta, con el fin de arrestar a Roehm.

Llegó allí casi a las seis y media. Los jefes de la SA, destacados en aquella región junto con Roehm, estaban en una pensión, y aún dormían. Hitler no se anduvo con contemplaciones.

Un agente llamó fuertemente a la puerta de la habitación de Roehm, afirmando que se trataba de un asunto urgente. Tras largo rato se abrió la puerta y los agentes cargaron contra ella. A continuación, Hitler se plantó en el umbral, empuñando una pistola. Llamó traidor a Roehm, a lo que éste respondió rechazando indignado tal acusación (naturalmente, la homosexualidad no desempeñó ningún papel en la pérdida de Roehm), y fue el mismo Hitler quien prácticamente efectuó el arresto de su amigo.

Acto seguido, Hitler aporreó la puerta fronteriza en la que, tras otra larga espera, compareció el obergruppenführer Edmund Heines, y detrás suyo otro personaje afeminado.

Más adelante, el ministro de Propaganda del Reich, Goebbels, motejó la escena de un cuadro repulsivo y nauseabundo.

Pero no puede caber la menor duda de que Hitler defendió a Roehm, el homosexual, con tesonero empeño. No ocurrió así, sin embargo, con el Roehm jefe de las SA, el hombre que le hacía sombra a Himmler y Heydrich, y a quien llegó a temer el propio Hitler, debido a las maniobras de esos otros dos, deseosos de perder a Ernst Roehm.

Es bien sabido que Hitler, deseando presentar al mundo un retrato suyo de hombre mundano completamente normal, se sirvió de Eva Braun, mujer escultural y apetecible, con la que llegó a casarse antes de su acto de suicidio. Pero este gesto postrero no puede, ante la Historia, borrar una verdad casi firmemente establecida: si Hitler no fue homosexual, siempre demostró una gran simpatía hacia los pertenecientes a ese grupo.

El final de Roehm

Roehm solamente tenía dentro del régimen nazi a dos amigos: Goebbels y Hitler, precisamente quien ordenó su arresto y fusilamiento.

Roehm, deseando que las SA formasen parte del Ejército, en calidad de reservas, urdió una especie de conjura de acuerdo con Gregor Strasse y Kurt von Schleicher.

Roehm, en lo relativo al Ejército era realmente un exaltado, y ansiaba figurar en lugar prominente entre los altos mandos militares. Sin embargo, era también sumamente adicto a Hitler, por lo que su conjura, si tal puede llamarse al plan de Roehm, no atacaba directamente a Hitler sino que estaba destinada tan sólo a favorecer al Ejército y a las SA, creyendo que era más conveniente que este cuerpo estuviese integrado en aquél.

Roehm planeaba apoderarse, pues, de la residencia oficial del Gobierno de Berlín y apresar a Hitler, sólo para usar de su autoridad y que éste diese órdenes a las SA, paralizando a las otras fuerzas del Estado.

El programa de Roehm y los otros dos conjurados constaba de cuatro puntos principales:

1. El actual régimen de Alemania no puede apoyarse.

2. Ante todo, el Ejército y las milicias nacionales han de unirse en un solo frente común.

3. El único hombre capaz de tal tarea es Roehm, el jefe del Estado Mayor de las SA.

4. Herr von Papen será destituido y Schleicher le sustituirá como vicecanciller, realizándose otros cambios dentro del Gobierno actual.

Enterado Hitler de esta conjura, él mismo, como se vio, irrumpió en la habitación en la que dormía Roehm y lo arrestó.

El mismo final tuvieron Gregor Strasse y Von Schleicher, fusilados junto con Roehm. Sin embargo, existen numerosos indicios que apuntan la posibilidad de que los verdaderos conspiradores fueron Himmler y Goering, contra Roehm, del que siempre fuera enemigos declarados. Y Hitler, en su obcecación, les hizo el juego.

Heinrich Himmler, que llegaría a ser jefe supremo de las temidas SS, había nacido en Múnich en 1900. Abanderado en 1918, entró a formar parte posteriormente de diversas organizaciones nacionalistas. Como jefe de negociado de la confederación «Bandera bélica del Reich» tomó parte en la revuelta

La primera aparición de Hitler como canciller.

de noviembre de 1923. En 1924 se diplomó de perito agrónomo. Era por entonces el secretario de Gregor Strasser. En 1928 fue propietario de una granja avícola. En 1929 Hitler le confió el mando de las SS. Cuando asumió el poder le hizo jefe de Policía de Múnich y jefe también de la Policía política de Baviera siendo más tarde nombrado director de la operación contra Roehm. Gracias a la influencia de Heydrich, llegó a tener el mando de todas las fuerzas armadas de Alemania. Hizo de las SS un instrumento omnipotente como Policía militarizada dentro del Ejército, al que sometió a un estricto control en especial cuando la Gestapo y las SS aunaron sus esfuerzos de exterminio. En el terreno religioso se esforzó por renovar el primitivo culto germánico creando unos ritos especiales para las ceremonias trascendentes de la vida: matrimonios, bautizos, entierros. Conocedor de que Hitler padecía una parálisis progresiva, abrigaba la intención de eliminarle y colocarse en la cima del poder. Es seguro que estaba enterado de antemano del atentado del 20 de julio de 1944. En la primavera de 1945 mantuvo relaciones con el conde sueco Bernardotte a espaldas de Hitler. Cuando dichos mensajes llegaron a conocimiento de la Cancillería del Reich, fue expulsado del partido. Desapareció después de la capitulación. Vestido con el uniforme de simple soldado y provisto de una documentación falsa, trató de escapar por el sur. Al ser identificado se suicidó.

Kurt von Schleicher, nacido en Brandeburgo en 1882. Colaborador del general Groener durante la Primera Guerra Mundial, al término de la misma siguió formando parte del cuerpo de oficiales en activo. Asistió a la agonía de la República de Weimar y fue nombrado canciller el 2 de diciembre de 1932 por el viejo mariscal-presidente Hindenburg. El desplazamiento de éste se produjo por la ascensión de Hitler al poder tras el rocambolesco plan Von Papen de «domesticar» al líder nazi teniéndolo «como amigo» mejor que en la oposición, plan que fracasaría estrepitosamente. Schleicher y su esposa serían asesinados en la denominada insurrección de Roehm.

Reinhard Heydrich. Nacido en Halle en 1904. Teniente de Marina, fue destituido por una cuestión de honor. En 1932 fue nombrado jefe del Servicio de Seguridad (SD) de las SS. En 1933, Himmler lo llamó para el servicio de la Policía de Baviera. En 1936 fue jefe de la Policía de Seguridad y de la Gestapo. Entre otras cosas, planeó la corrupción interna de la Iglesia católica introduciendo en ella a nuevos sacerdotes jóvenes y previamente aleccionados en una escuela especial. En 1942 se le concedió el cargo de protector de Bohemia y Moravia, pero pocos meses después fue herido tan gravemente por una patrulla de checos comisionada por la aviación inglesa, que murió al poco tiempo. Como venganza a este atentado, se procedió a la aniquilación absoluta de la aldea de Lídice. Las actas y expedientes que Heydrych había reunido pasaron a manos de su sucesor, Kaltenbrunner. Entre ellos se encontraron diversos procedimientos relacionados con los judíos. Una abuela de Heydrich era judía.

CAPÍTULO XII

EL *CRACK* FINANCIERO DE ESTADOS UNIDOS, ALIADO DE HITLER

Es un hecho irrebatible que cuando en los años 1929 y 1930 se produjo el hundimiento bursátil y financiero de Estados Unidos, que tan trágicas y desastrosas consecuencias tuvo, no sólo para aquella nación americana, sino para toda la economía mundial, tal suceso favoreció extraordinariamente los planes subversivos de Hitler respecto al gobierno alemán.

Ya en 1927 se había autorizado a Hitler a pronunciar discursos en Sajonia y Baviera, y el día 1º. de mayo de aquel año pronunció una conferencia en una asamblea privada, celebrada en el Clou de Berlín, con una asistencia de unas cinco mil personas.

Fue en aquel mismo año cuando se celebraron las elecciones municipales en Hamburgo, y donde el Partido Nacionalsocialista obtuvo un 1,5 por 100 de los votos válidos y el 2 por 100 de los 160 mandatos.

Mejor resultado obtuvo el partido en las elecciones parlamentarias de Braunschweig, y también en las elecciones del Reichstag.

Al año siguiente se autorizaron los discursos hitlerianos en Prusia, lo que aprovechó Hitler para perorar por su causa en el Palacio de los Deportes de Berlín. Al mismo tiempo, se celebraban elecciones en distintos puntos de Alemania, y en todas ellas iban consiguiendo más ventajas los partidarios de Hitler.

Sin embargo, dentro del partido, aunque sin conocimiento de ello por las masas, existían discrepancias y rencillas sin cuento. Y también una corrupción más o menos disimulada, que Hitler trataba casi en vano de contrarrestar.

Durante los años 1927 a 1930, el partido de Hitler conoció diversas fluctuaciones, particularmente en las elecciones municipales, en las que, pese a cuanto hicieron los correligionarios del futuro Führer, no lograron atraer la mayoría de las masas a sus urnas.

De repente, sobrevino la quiebra estadounidense, con las grandes repercusiones en el mundo occidental, pero principalmente sobre Alemania por múltiples razones de orden económico.

El Gobierno alemán no estuvo en ningún momento a la altura de las tristes circunstancias derivadas de aquel *crack* financiero, y las derechas, atemorizadas ante el avance de los comunistas en el país, volvieron sus ojos hacia un partido que les pareció menos contrario a sus intereses, viendo asimismo en Hitler, por sus antecedentes más bien humildes, a un hombre que fácilmente se convertiría en su «hombre de paja».

Fue gracias a todo esto que Hitler, estando en el poder Hindenburg y teniendo éste plena confianza en Von Papen, que era el vicecanciller del gobierno, consiguió ser nombrado, después de una serie casi interminable de intrigas, y no por méritos propios como más adelante el propio Hitler quiso hacer creer al pueblo alemán, canciller con la ayuda de Von Papen, verdadero representante de las derechas de Alemania.

La desilusión sufrida por éste no pudo ser más completa ni más rápida, puesto que en los seis meses siguientes a la formación del Gobierno de coalición, Hitler y sus partidarios dieron continuas muestras de un cinismo y una carencia de escrúpulos totales, que dejaron atónitos tanto a Von Papen como a Hugenberg, otro socio de Hitler en el Gobierno.

Hitler se había dado cuenta desde el principio de todo lo que podía conseguir desde su puesto gubernamental, tanto para él como para su ya poderosa organización.

Goering, que ostentaba un ministerio sin cartera, dio comienzo a una verdadera purga dentro de la burocracia del Estado prusiano, y centenares de funcionarios fueron despedidos, siendo reemplazados por hombres de confianza de los nazis.

Al mismo tiempo, Hitler y sus satélites se ocuparon intensamente de reprimir las manifestaciones de carácter comunista, combatiendo a este partido, que había empezado a infundir grandes esperanzas a las masas trabajadoras de Alemania.

Goebels, por su parte, también trabajaba para desmerecer a los comunistas ante la opinión pública, y a instancias suyas, la Policía asaltó el 24 de febrero la oficina central del Partido Comunista en Berlín. Un comunicado reveló el descubrimiento de los planes para una revolución con apoyo comunista.

El incendio del Reichstag

Aquel mismo mes de febrero, día 27, el edificio del Reichstag ardió de manera misteriosa. La Policía arrestó a un joven alemán, Van der Lubbe, comunista, sorprendido en el edificio vacío, lo que dejaba pocas dudas acerca de su culpabilidad.

Goering, que buscaba un pretexto para atacar de firme a los militantes comunistas, declaró al instante que Van der Lubbe no era más que un pelele de una confabulación comunista muy peligrosa.

Naturalmente, no tardaron en ser arrestados los cabecillas comunistas, entre los cuales figuró el búlgaro Dimitroff, con grandes alardes propagandísticos, en favor de los nacional-socialistas «que habían salvado a la nación alemana del mayor de los peligros».

Hubo un proceso que finalizó con la libertad de los cabecillas comunistas y la ejecución sumaria del desgraciado Van der Lubbe.

En realidad, siempre se sospechó que el incendio del Reichstag fue obra de los mismos nazis. Según esta versión, muy verosímil por otra parte teniendo en cuenta la calidad poco escrupulosa de los partidarios más leales a Hitler, un grupo de las SA de Berlín, mandado por Karl Ernst, entró en el Reichstag por un túnel subterráneo e incendió el edificio. Van der Lubbe, que ya había sido capturado por las SA tras intentar quemar otros edificios como protesta por el mal trato recibido por parte de la sociedad alemana, se usó como un engaño, permitiéndosele incendiar otra ala del Reichstag.

Aquel incendio le permitió a Hitler promulgar un decreto firmado por Hindenburg «para la protección del Pueblo y el Estado». Se trataba de un decreto, además, como «medida defensiva contra los actos violentos de los comunistas».

El decreto empezaba suspendiendo las garantías de libertad individual, contenidas en la Constitución de Weimar.

El artículo segundo del decreto autorizaba al Gobierno a adoptar poderes, en caso necesario, en cualquier Estado Federal. El artículo quinto aumentaba los castigos establecidos para los delitos de alta traición, como sabotajes, incendios y envenenamientos, hasta la pena de muerte. Instituía la pena capital y los trabajos forzados en caso de conspiración contra miembros del Gobierno, o para castigar las alteraciones del orden público.

Con estos poderes, tanto Hitler como Goering podían adoptar cualquier medida contra sus adversarios políticos. Y para ellos, eran adversarios suyos todos los demás partidos de Alemania, tanto los de la derecha como los de la izquierda. Hitler y Goering iban, pues, descaradamente a la implantación de un partido único en el país: el suyo.

CAPÍTULO XIII

LA DICTADURA DE HITLER

Hitler, desde el primer día que formó parte del Gobierno alemán, demostró bien claramente su designio: llevar las riendas del poder, sin tener que dar cuenta a nadie de su política ni de las medidas que tomase o pudiese tomar.

Necesitaba para ello coaligar perfectamente al presidente, al Ejército y a los nacionalistas, y para ello ejecutó una especie de jugada maestra: la ceremonia que tuvo lugar el día 21 de marzo de 1933 en la iglesia de la Guarnición de Potsdam a fin de solemnizar la apertura del nuevo Reichstag dos días antes de discutirse la Ley de Plenos Poderes. La fecha, 21 de marzo, era aniversario del día en que Bismark inauguró el primer Reichstag del Imperio Alemán en 1871. Hitler eligió, pues, la misma fecha, sesenta y dos años más tarde, para inaugurar su primer Reichstag del III Reich.

El trono del kaiser estaba vacío, e inmediatamente detrás del mismo se sentó el antiguo príncipe de la Corona, de gran gala. En el coro del templo se instalaron los diputados nazis, ataviados con sus camisas pardas, entre los nacionalistas y los miembros del Partido de Centro. Desde luego, no figuraba ni un solo comunista. De repente, penetraron en la iglesia los miembros del Gobierno. Pero las miradas sólo se centraron en dos hombres: Adolfo Hitler, con su traje de etiqueta y capa de corte, y el presidente, el anciano Hindenburg.

Hitler pronunció un discurso, dirigido indudablemente a los representantes del viejo régimen allí presentes:

La revolución de noviembre de 1918 puso fin a un conflicto en el que la nación alemana se había visto impulsada por su convicción más sacrosanta, es decir, proteger su libertad y su derecho a la vida. Ni el kaiser, ni el gobierno ni el pueblo deseaban la guerra. Fue solamente el colapso de nuestra nación el que obligó a una raza debilitada a cargar sobre sí, contra sus más sagradas convicciones, la culpa del conflicto.

Gracias a un resurgimiento sin precedentes, en las últimas semanas ha sido restaurado nuestro honor nacional, y gracias a vuestra comprensión, señor mariscal de campo, la unión entre los símbolos de la antigua grandeza y de la nueva fuerza ha quedado sellada. Permitidme que por ello os rinda homenaje. Una providencia protectora os coloca sobre las nuevas fuerzas de nuestra nación.

Acto seguido, el canciller Adolfo Hitler se situó ante el viejo mariscal, le saludó con una profunda reverencia y le estrechó la mano. De esta manera quedaba establecida la sucesión presidencial.

La Ley de Plenos Poderes

Dos días más tarde se reunió el Reichstag en su instalación provisional de la Kroll Opera Haus, y allí se desenmascaró el verdadero nazismo. Cuando entraron los diputados en la vasta sala, se dieron cuenta de que detrás de la tribuna ocupada por todo el Gobierno y el presidente, llenaba el muro una gran bandera con la esvástica. Fuera del edificio, todos tenían que pasar entre dos filas de hombres de las SS, ataviados con camisas negras.

Hitler pronunció un discurso de apertura moderado.

Adolfo Hitler, como canciller, saluda al presidente, mariscal de campo Von Hindenburg.

El Gobierno solamente hará uso de los plenos poderes que solicita cuando sean necesarios para llevar a cabo las medidas de interés vital. Ni la existencia del Reichstag ni la del Reihsrat se hallan amenazadas. La posición y los derechos del presidente continuarán intangibles. La tarea primordial del Gobierno será trabajar constantemente en armonía con sus aspiraciones.

La existencia separada de los Estados federales no sufrirá modificación alguna. Los derechos eclesiásticos se mantendrán íntegros y no se modificarán sus relaciones con el Estado. El número de casos en que surja una necesidad interna de recurrir a esta ley será muy limitado. Sin embargo, el Gobierno insiste con toda su fuerza en la precisión de aprobar dicha ley. El Gobierno prefiere una decisión clara.

(...)

El Gobierno —finalizó Hitler— *ofrece a los partidos del Reichstag la ocasión de una colaboración amistosa. Pero está igualmente dispuesto a seguir adelante en el caso de negativa y frente a las hostilidades que resultaren de tal negativa. A ustedes, señores del Reichstag, les toca decidir entre la guerra y la paz.*

La sesión se suspendió y al reanudarse fue el líder socialdemócrata, Otto Weis, quien hizo uso de la palabra. Mientras avanzaba hacia la tribuna, se oyeron fuera gritos de: «!Queremos la aprobación del proyecto, o todo irá a sangre y fuego!»

Sin embargo, Otto Weis intentó oponerse a la votación en favor de la ley. Entonces, explotó Hitler. Arrollando a Von Papen, que intentaba detenerlo, subió de nuevo a la tribuna y aulló (tal es el calificativo exacto que se merece) sus palabras, demostrando su carácter brutal, burlón y sanguinario.

¡No necesito vuestros votos! —les gritó a los social-demócratas—, *Alemania será libre, pero no con vosotros. No nos confundáis con la burguesía. La estrella alemana está en ascenso. La vuestra se halla a punto de desaparecer. Las campanas ya doblan a muerto por vosotros.*

Más tarde se procedió a la votación y Goering leyó los resultados: 441 en favor de la Ley; en contra, 94. Los nazis se levantaron y entonaron el himno *Horst Wessel*, con el brazo extendido.

En la plaza, la multitud empezó a lanzar gritos de júbilo y aprobación. Los nazis y Hitler podían estar satisfechos. Gracias a la Ley de Plenos Poderes, gozarían de independencia de acción, sin que tuvieran que dar cuenta a nadie de sus actos. Hitler era el verdadero dictador de Alemania, y no dependía siquiera del viejo presidente, que pasaba a ser sólo un símbolo arrinconado, un muñeco de trapo que pronto dejaría incluso de figurar en ninguna parte.

Paul von Hindenburg. Nacido en Posen en 1847. Segundo teniente en la guerra de 1866 contra Austria y teniente primero en la franco-prusiana de 1870-71 contra Francia. Estuvo presente en la proclamación del emperador Guillermo I en Versalles como representante de su regimiento. En 1911 fue destituido de su cargo de general comandante del IV Cuerpo del Ejército, pero fue rehabilitado nuevamente en 1914. Venció en Tannenberg a los rusos y consiguió un nuevo éxito en la campaña de invierno de Masuria contra las tropas zaristas que habían penetrado en la Prusia Oriental. En 1916 fue nombrado jefe supremo de todas las tropas germanas. En otoño de 1918 exigió del Gobierno del Reich la firma inmediata del armisticio que se firmó en Compiègne el 11 de noviembre. Después de la firma del Tratado de Versalles abandonó el mando supremo del Ejército y se retiró a vivir a Hannover. Tras la muerte de Ebert, en 1925 se presentó a las elecciones a la Presidencia de la República y salió elegido como candidato de las derechas. Apoyó la política conciliadora de Strassemann y nombró canciller al doctor Brünning. El 30 de enero de 1933 se vio obligado contra su propia voluntad a nombrar a Adolfo Hitler canciller. El 2 de agosto de 1934 falleció en su finca de Neudeck. Hitler mandó enterrarlo (y más tarde también a su mujer) en un mausoleo en Tannenberg. Los dos ataúdes se encuentran actualmente en la Elisabethkirche de Marburg. Su hombre de confianza fue Franz von Papen, nacido en Werl, Westfalia, en 1879. Diputado del Centro Católico en la Cámara prusiana (1921-28), presidió un gobierno de concentración en 1932. Al no obtener el apoyo de los partidos de la derecha para su proyecto de reforma constitucional, dimitió el 17 de diciembre de 1932. Fue vicecanciller en el primer gabinete de Hitler, pero dimitió por su política violenta y marchó a Austria como embajador (1934), cargo que también ocuparía en Ankara (1939-44). Fue absuelto por el tribunal de Núremberg y condenado a ocho años por un tribunal alemán de desnazificación, aunque en 1949 consiguió la libertad. Falleció en 1969.

CAPÍTULO XIV

LA GRAN FUERZA DE HITLER

A partir de aquel día, todos los esfuerzos de Hitler y sus seguidores fueron para convertir a Alemania en una inmensa parada militar.

En 1934, en la *Gaceta Oficial del Estado* apareció este escueto anuncio:

> *El Gobierno alemán ha aprobado la siguiente ley, que se publica ahora para su promulgación.*
>
> *Artículo 1.°: El Partido Nacionalista de los Trabajadores Alemanes constituye el único partido político de Alemania.*
>
> *Artículo 2.°: Cualquier persona que trate de mantener la estructura orgánica de otro partido político cualquiera, o de formar un nuevo partido político, será condenada a la pena de trabajos forzados hasta tres años, o a prisión por el mismo tiempo si el acto no incurre en una pena mayor, según otras leyes.*
>
> *El canciller del Reich:*
> *ADOLFO HITLER.*
> *El ministro del Interior del Reich:*
> *FRICK.*
> *El ministro de Justicia del Reich:*
> *DOCTOR GÜRTNER.*

Hitler usó frecuentemente la sorpresa, es decir, hacer lo que nadie creía que osaría hacer o decidir, para conseguir

111

cuanto deseaba. Sólo en unas semanas había suprimido los partidos comunista y socialdemócrata; disolvió a los católicos de centro y a los nacionalistas del ala derecha, y se hizo cargo de los Cascos de Acero y los sindicatos.

El solo llevaba las riendas del Estado y todos los demás, desde ministros a diputados, no eran otra cosa que muñecos en sus manos. ¡Había realizado el sueño de toda su vida!

Medios violentos

Mucho se ha hablado de la fuerza hipnótica de los ojos de Adolfo Hitler, y también del encanto persuasivo de su voz. Y todo esto es cierto, según corroboraron innumerables testigos de la época. Pero lo que es indudable de todo punto es que para lograr sus fines, Hitler y sus secuaces utilizaron el poder para realizar toda clase de acciones violentas. En efecto, la violencia entre el período del incendio del Reichstag y el fin de aquel mismo año fue algo inusitado para Alemania, incluso para la Prusia imperial.

El Gobierno nazi empleó medios violentos e intimidatorios como procedimiento normal para lograr sus fines, utilizando instrumentos como la Gestapo, o Policía prusiana secreta del Estado, creada por Goering, y los campos de concentración inaugurados en Oranienburg, Dachau y otros lugares.

Los individuos contrarios al régimen, o sólo por leves sospechas de subversión, eran detenidos y brutalmente apaleados. En ocasiones, había denuncias presentadas sólo por venganza o envidia particulares, bien para robarle el empleo a otro, o apoderarse de su piso. El sadismo era algo corriente entre los nazis y su amor por las prendas negras lo atestigua.

La actitud de Hitler

A Hitler no le preocupaba en absoluto la violencia usada por los hombres de su partido (a la sazón el partido de todos los alemanes, aunque fuese a la fuerza), ni tampoco la eco-

112

nomía del país, cada vez en peor estado. Al contrario, estaba convencido de que cuanto peor viviese el trabajador y la clase media, más se agruparían a su alrededor, buscando en él el lenitivo a todos sus males.

Fue éste el pensamiento que expuso en la Cancillería el 6 de junio de 1934:

> *La Revolución no es una situación permanente y no debemos consentir que degenere en tal situación. La corriente de una revolución puesta en marcha debe orientarse por los conductos seguros de una evolución. Por lo tanto, no debemos prescindir de un hombre de negocios si es un buen hombre de negocios, aunque todavía no sea un nacionalsocialista; especialmente, debemos contar con él si el nacionalsocialista que ha de ocupar su sitio nada sabe de negocios. En cuestión de negocios, sólo la capacidad debe ser el patrón de medida.*
>
> *La Historia no nos juzgará por el mayor o menor número de economistas que hayamos eliminado, sino por el éxito que hayamos obtenido en proporcionar trabajo. Las ideas de nuestro programa no nos obligan a actuar como locos y a perturbarlo todo, sino a realizarlo todo inteligente y cuidadosamente. A la larga, nuestro poder político será tanto más seguro cuanto mayor éxito tengamos en apuntalarlo sobre bases firmes de economía. Por lo tanto, los Reichstatthältre han de procurar que ninguna organización ni funcionarios del partido asuman funciones de Gobierno, depongan a individuos ni hagan nombramientos en favor de funcionarios para cuyas acciones solamente el Gobierno del Reich, y respecto a los negocios, el ministro de Economía del Reich, tienen competencia.*

Uno de los actos debidos a Hitler fue la retirada de Alemania de la Sociedad de Naciones, creada después de la Primera

Guerra Mundial. En realidad, había sido un error de los vencedores permitir que Alemania, la nación vencida, se sentase junto a sus contrarios, que la habían derrotado plenamente en los campos de batalla europeos.

Otra de las sorpresas para algunos fue la entrevista, primera de la serie, que se efectuó entre Hitler y Mussolini, el «Duce» fascista italiano, en Venecia, los días 14 y 15 de junio de 1934. Era el encuentro de dos dictadores, dispuestos a dominar el mundo.

Y finalmente, el 2 de agosto de aquel mismo año, Hitler logró su máxima aspiración, su sueño dorado: falleció Von Hindenburg, y él fusionó los cargos de presidente y canciller del Reich en uno solo. Y el Gobierno en pleno prestó juramento de fidelidad a Adolfo Hitler, canciller del Reich.

Pero cuando realmente Hitler se convirtió en el auténtico dictador de Alemania fue el 19 de agosto, cuando se celebró el plebiscito para la confirmación de la Ley sobre la Jefatura del Reich Alemán. El 90% de los votantes se mostraron partidarios de Hitler, habiendo votado casi toda la nación.

En 1935, Hitler reinstauró el servicio militar obligatorio, contraviniendo así lo ordenado por el Tratado de Versalles.

Y fue en ese mismo año cuando Hitler dio muestras de su antisemitismo, que con el tiempo alcanzaría límites insospechados por su atrocidad.

En efecto, en aquel año prohibió los matrimonios con judíos, y a partir de tal momento, el origen ario (del que nadie sabe nada en realidad) fue algo indispensable para ocupar un puesto oficial. Además, Hitler implantó la Ley de la Bandera Nacional, la Ley de Ciudadanía del Reich (imitación del modelo dado por la antigua Roma en los países por ella ocupados) y la Ley de Protección de la Pureza de la Sangre.

Hitler avanzaba cada vez más por los caminos de la egolatría y la dictadura, con claro desprecio a las demás naciones y a todos los viejos pactos.

Así fue cómo denunció el Pacto de Locarno y ocupó la zona desmilitarizada de Renania, reinstaurando la soberanía militar absoluta.

En el mes de agosto de 1936, del 1 al 16, se celebró en Berlín la XXI Olimpiada. Hitler, que esperaba conseguir para Alemania todas las medallas, se enfureció al ver vencer a los representantes de otros países, entre ellos a un negro, lo que echaba por tierra sus teorías sobre la raza aria como indiscutible soberana de la Tierra.

Este mismo año amplió el servicio militar obligatorio a dos años, y en el mes de octubre, siguiendo con su marcha ascendente hacia una provocación internacional, firmó al Pacto Antikommintern entre Alemania y Japón, y estableció el Eje Roma-Berlín.

CAPÍTULO XV

LOS AÑOS 1937-1938

Durante todo el año 1937 continuó Hitler apoyando todas las acciones de su partido, y llevó adelante su discriminación racial, principalmente contra los judíos, aunque realmente contra todos cuantos, según los nacionalsocialistas, no perteneciesen a la raza aria, la única pura del orbe.

También fue en ese año cuando redactó su primer testamento político. ¡Cuán distinto del segundo, dictado en el subterráneo de la Cancillería, bajo el acoso de las tropas soviéticas!

En febrero de 1938, destituyó al ministro de la Guerra, Von Blomberg, y al mismo tiempo al comandante supremo del Ejército, el general Von Fritsch, siendo nombrado en su puesto el general Von Branitsch. El mariscal Keitel ocupó el cargo de director del Alto Mando de las Fuerzas Armadas.

También en el mismo mes fue desposeído de su cargo el ministro del Exterior, Von Neurath, reemplazándole Joachim von Ribbentrop, orgulloso, tirano y arrogante hasta la exageración.

Y así llegó el mes de marzo de aquel año, cuando las tropas alemanas invadieron Austria, nación que Hitler anexionó a Alemania. Esto, naturalmente, levantó un clamor internacional, pero Hitler ya había contado con el *fait accompli*, seguro de que los demás países, entre ellos Inglaterra y Francia, no estaban preparados para una guerra. Y menos para salvar a una nación como Austria.

Sin embargo, para paliar un poco la situación, accedió Hitler a entrevistarse con lord Chamberlain en Berchtesgaden, encuentro que tuvo lugar el 16 de septiembre de 1938, y hubo aún otra entrevista con el mismo *premier* británico el 22 del mismo mes en Godesberg.

De ambas reuniones, Chamberlain salió totalmente tranquilizado, incluso dispuesto a firmar pactos con el dictador alemán.

Hitler, con el afán de entretener a los que podían ser sus futuros adversarios, celebró una conferencia con Mussolini, Daladier, el presidente de la República francesa, y Chamberlain de nuevo, en Múnich, donde se llegó a un acuerdo. Pero Hitler, de pronto, y faltando a todas sus promesas, llevó las tropas alemanas a la región de los Sudetes. Y no se contentó con eso. Poco después, en agosto, Von Ribbentrop firmó con Molotov un pacto de no agresión valedero por diez años. El 1 de setiembre por la mañana, las tropas alemanas entraban en Polonia.

El mundo se hallaba en el umbral de la Segunda Guerra Mundial, «el peor conflicto que vieron los siglos», desencadenada por la ambición de un hombre para quien la vida humana no tenía valor alguno.

Sin embargo, antes de que ésta se desencadenase, Inglaterra hizo esfuerzos sobrehumanos para intentar evitar la guerra. Así, por ejemplo, Chamberlain, envió la siguiente carta a Hitler[*]:

> *Excelencia:*
>
> *Vuestra Excelencia habrá tenido ya conocimiento de ciertas medidas que han sido tomadas por el Gobierno de Su Majestad y que han sido anunciadas esta noche por la prensa y la radio.*
>
> *Es la opinión del Gobierno de Su Majestad que esas medidas se han hecho precisas a causa de los*

---

[*] Carta fechada en Downing Street, 10, a 22 de agosto de 1939.

Hitler, subiendo a la tribuna en el mitin de Núremberg, el 2 de septiembre de 1933.

movimientos militares que se anuncian desde Alemania y al hecho de que, aparentemente, el anuncio de un acuerdo germano-soviético es considerado en algunos sectores berlineses como una indicación de que la intervención de Gran Bretaña en favor de Polonia ha dejado de ser una contingencia que deba ser tomada en cuenta. No podría cometerse ningún error más tremendo. Sea cual sea la naturaleza del pacto germano-soviético, no puede alterar la obligación de Gran Bretaña para con Polonia, manifestada por el Gobierno de Su Majestad en público, claramente y en repetidas ocasiones, y que está decidido a cumplir.

Se ha mantenido que si el Gobierno de Su Majestad hubiera puesto más en claro su posición en 1914, se habría evitado la gran catástrofe. Se tenga razón o no en este aserto, el Gobierno de Su Majestad ha decidido que en esta ocasión no exista un equívoco tan trágico.

Si el momento se presentara, el Gobierno de Su Majestad está dispuesto y preparado a emplear sin demora todas las fuerzas de que dispone, y es imposible prever el fin de las hostilidades una vez comenzadas. Sería una peligrosa ilusión la de pensar que la guerra, una vez empezada, terminaría pronto, aunque se tuviera éxito en uno de los varios frentes en que se desarrolle.

Después de dejar claramente establecida nuestra posición, deseo repetirle mi convicción de que un conflicto bélico entre nuestros pueblos sería la peor calamidad que pudiera suceder. Estoy convencido de que ni su pueblo ni el nuestro lo desean, y en los problemas que existen entre Alemania y Polonia no veo nada que no pueda y deba ser resuelto sin recurrir a las armas, sólo con que se procure establecer un ambiente de confianza, que permita que las *discusiones se verifiquen en un ambiente distinto del que hoy prevalece.*

Hemos estado, y estaremos, dispuestos a cooperar en la creación de condiciones que permitan realizar todas las negociaciones, y en las que también sea posible la discusión de los problemas más amplios que afectan al futuro de las relaciones internacionales, incluso asuntos de interés para nosotros y para ustedes.

Las dificultades que se interponen en la vía de las discusiones pacíficas en el estado actual de tensión son, no obstante, obvias, y cuanto más tiempo se mantenga esta tensión, más difícil será conseguir que prevalezca la razón.

No obstante, estas dificultades podrían suavizarse, y quizás eliminarse, siempre que hubiera un período inicial de tregua por ambos lados en las polémicas de Prensa y en todo género de incitaciones.

Si tal tregua se llegara a concertar, entonces al final de ese período, durante cuya duración podrían darse los pasos necesarios para examinar y resolver las quejas formuladas por cada una de las partes con respecto al trato dado a las minorías, es razonable esperar que pudieran haberse establecido condiciones adecuadas para entablar negociaciones directas entre Alemania y Polonia relativas a sus problemas decisivos —con la ayuda de un intermediario neutral, si las dos partes pensaran que esa ayuda pudiera ser útil.

Pero creo que estoy obligado a decir que solamente habría débiles esperanzas de que estas negociaciones alcanzaran éxito si no se estableciera de antemano que cualquier solución que se lograra sería garantizada por otras potencias. El Gobierno que yo presido estaría dispuesto, si se desease, a contribuir hasta donde fuera posible para procurar el funcionamiento efectivo de esas garantías.

Debo confesar que en este preciso momento no veo otro medio de evitar una catástrofe que envolverá a toda Europa en una cruenta guerra.

En vista de las graves consecuencias que pueden recaer sobre toda la humanidad como resultado de la acción de sus gobernantes, confío en que Vuestra Excelencia ponderará con la más cuidadosa deliberación los extremos que le he sometido.

Sinceramente, Neville Chamberlain.

CAPÍTULO XVI

LA SEGUNDA GUERRA MUNDIAL

¿Comenzó esta segunda guerra con la ocupación de Danzig, el codiciado corredor, por las tropas alemanas? En realidad, la guerra se había gestado desde mucho antes, en efecto, desde la subida de Hitler al mando supremo de Alemania; tal vez en la intimidad de Hitler, bastante antes.

Sus entrevistas con Chamberlain, el primer ministro británico, no habían tenido otra finalidad para Hitler que sondear el estado del Imperio británico y tal vez ganar tiempo antes de declarar la guerra, para poder prepararse adecuadamente.

La entrada de las tropas alemanas en los Sudetes fue tal vez también el comienzo de las hostilidades, o al menos el anuncio de las mismas. Y cuando tuvo lugar la llamada «Noche de los cristales rotos», el 9 de noviembre de 1938, cuando se iniciaron las violentas agresiones a los judíos, con la destrucción de sus casas, sus comercios, sus sinagogas, a raíz del asesinato del consejero alemán de la Embajada de París, Ernst von Rath, a manos de un judío, la guerra estaba sellada. Hitler acababa de proclamar abiertamente sus sentimientos antisemitas y su idea de la preponderancia de la raza aria sobre todas las demás.

Fue en marzo de 1939 cuando las tropas alemanas penetraron en Checoslovaquia, después de haber firmado un tratado para la creación del protectorado de Bohemia y Moravia con el presidente de la nación checa, Hacha, y el ministro de Asuntos Exteriores, Shwalkowski. Tras esto, el Ejército checoslovaco fue desarmado, y Bohemia y Moravia pasaron a poder de Alemania como protectorados.

Los sucesos, a partir de este momento, se precipitaron de manera alarmante. En marzo de aquel mismo año, exactamente el día 26, Polonia rechazó la proposición alemana de devolver Danzig, construir una autopista extraterritorial por el corredor y aceptar una garantía a largo plazo sobre las fronteras germano-polacas.

No fue hasta el mes de abril del mismo año que se firmó la alianza militar entre Alemania e Italia, y en julio se iniciaron las negociaciones con Rusia, firmándose el 23 de agosto el pacto de no agresión con la Unión Soviética, con la adición de un protocolo secreto.

La verdadera guerra, no obstante, empezó el 1º. de septiembre de 1939 cuando se produjo el ataque alemán contra Polonia. A continuación, Gran Bretaña, India, Australia, Nueva Zelanda y Francia declararon la guerra a Alemania.

Gran Bretaña, que había intentado por todos los medios —como ya hemos visto— evitar la guerra, envió el 3 de septiembre un ultimátum a Von Ribbentrop conminando a Alemania a que se retirara con sus tropas de Polonia.

Pero el ultimátum no concedía más que el plazo irrisorio de dos horas, con lo cual Inglaterra y Francia entraban desde aquel mismo momento en guerra contra Alemania.

El atentado de Elser

Durante todo el período casi prebélico, hubo intentos de conspiración y conatos de atentados, no sólo contra varias personalidades del régimen, sino incluso contra Hitler, pero la más importante fue sin duda la fraguada por George Elser. De pronto, el día 8 de noviembre de 1939, Hitler efectuó un discurso en la Bürgerbräukeller de Múnich, con ocasión del aniversario por la insurrección de 1923.

Dos agentes del Servicio Secreto británico, el capitán Payne Best y el mayor R. H. Stevens, que se hallaban al corriente del complot, fueron secuestrados inmediatamente en la frontera de Holanda, y un carpintero alemán, George Elser, fue arrestado en la frontera suiza con una foto marcada del interior de la sala en su poder.

El atentado contra Hitler fue, en realidad, organizado por la propia Gestapo, como un medio de elevar la popularidad del Führer en Alemania. Elser, que era un carpintero muy hábil, se había introducido en un grupo comunista y fue recogido por la Gestapo del campo de concentración de Dachau, donde había sido enviado para ser «reeducado». Luego, se le ofreció la libertad si obedecía las órdenes que iba a recibir, y por dos veces fue trasladado a la Bürgerbräukeller de Múnich, ordenándole que colocase una carga explosiva dentro de una de las columnas que quedaban al lado del lugar donde Hitler estaría durante su discurso. Junto al explosivo colocaron un reloj de alarma, pero sin estar conectado con el detonador, que sólo podía ponerse en contacto por electricidad desde el exterior.

Hitler siempre comparecía allí el 8 de noviembre, aniversario del intento de sublevación del año 1923, para reunirse con los antiguos combatientes. En aquella ocasión, Hitler pronunció su discurso acostumbrado, pero lo abrevió de manera harto extraña, retirándose más temprano que de ordinario.

No se hallaba muy lejos todavía, cuando una explosión conmovió la sala, matando a ocho miembros del partido y dejando sesenta y tres heridos.

La secretaria de Hitler, que iba en el tren junto a él, de vuelta a Berlín, describió que la noticia de lo ocurrido les llegó en Núremberg. Hitler, con las pupilas centelleantes, se echó atrás en su asiento y exclamó: «¡Ahora me hallo contento! El hecho de haber salido antes del Bürgerbräukeller es la prueba de la voluntad de la Providencia para que yo logre mis objetivos».

Si Hitler estaba al corriente de la colocación de la bomba, no hay duda de que era un magnífico actor.

Goebbels hizo cuanto pudo, aprovechándose del incidente, para despertar el resentimiento contra los que no deseaban la guerra, y retratar a un Hitler inspirado, que por intuición divina había huido de la muerte con el tiempo justo.

Más adelante, Elser fue juzgado junto con los agentes británicos, y se hizo cuanto se pudo para demostrar que el atentado había sido planeado por Gran Bretaña, pero el juicio nunca llegó a celebrarse, lo que prueba que algo falló en los planes de la Gestapo. Por otra parte, ni los alemanes llegaron a creer en el atentado.

Los verdaderos virajes hacia la guerra

En 1925 las cuatro grandes potencias europeas, Alemania, Francia, Gran Bretaña e Italia, firmaron en la ciudad suiza de Locarno unos acuerdos que suponían el cierre de la etapa revanchista de Versalles y la inauguración de un período de armonía y colaboración entre las naciones. En 1940 esas cuatro potencias se hallaban en una guerra a muerte. ¿Por qué? En esos años la política internacional fue sacudida por acontecimientos cataclísmicos. El espíritu de concordia de Locarno sería herido en primer lugar por la depresión económica. Luego fue el rechazo hitleriano de todos los acuerdos de Versalles el que provocó un clima de tensión. Pero no sólo fue la política exterior alemana la que condujo hacia la guerra; el cuadro fue más complejo, con giros inesperados de la política tradicional, que es lo que los expertos conocen como virajes de las potencias. El historiador español Jesús Pabón señala cuatro virajes: 1) El viraje francés o aproximación de Francia al régimen soviético tras la ascensión de Hitler al poder. 2) El viraje británico o ruptura entre Inglaterra y la Italia fascista. 3) El viraje italiano o alianza entre la Italia fascista y la Alemania nazi, lo que supone la ruptura de la amistad italiana con Francia. 4) El viraje alemán o pacto germano-soviético, que rompe el último entendimiento de Locarno, el anglo-alemán. Es la famosa «puñalada» de la que hablan las cancillerías europeas. Tratado vital para Alemania si se quieren tener las espaldas bien cubiertas para no caer en los errores de 1914, pero a la larga, como en Tilsit con Napoleón, Alemania y Rusia debían enfrentarse porque sus regímenes eran incompatibles. Hitler se enfrentaría entonces a Rusia pensando triunfar donde tantos otros habían fracasado, pero el «general Invierno» volvería a hacer mella en los invasores, esta vez en los sofisticados *panzers* alemanes y demás material motorizado de las divisiones hitlerianas. Poco pudo hacer, en este sentido, la aviación con un tiempo atmosférico tan adverso. En Rusia, Hitler encontraría también su tumba.

CAPÍTULO XVII

LA ENTREVISTA DE HITLER CON FRANCISCO FRANCO

Ya desde el comienzo de la guerra (y posiblemente desde que los alemanes habían ayudado a Franco durante la guerra civil española, con material bélico y aviones), Hitler tenía puestas sus miras en España para que ésta llevase todo el peso de la lucha en el Mediterráneo, juntamente con la Francia de Vichy.

Pero el caudillo español consiguió burlar las esperanzas de Hitler, sin caer en la trampa en que ya había caído Mussolini.

Franco, esto es cierto, se mostró dispuesto a entrar en la guerra en junio de 1940, cuando parecía casi seguro que la guerra iba a finalizar, empezando el reparto de los despojos. Pero a medida que pasaba aquel verano sin producirse la capitulación de los aliados, ni la prometida invasión de Inglaterra, el entusiasmo de Franco se fue enfriando, y empezó a pedir unas condiciones previas a la intervención de España en el conflicto armado. Dichas condiciones se referían al Marruecos francés, a una parte de Argel y el Oranesado, así como a la Guinea española; al mismo tiempo, Franco exigía ayudas económicas a gran escala y equipamiento militar para las tropas españolas.

En septiembre de 1940, Franco envió a Berlín a su futuro ministro del Exterior, Serrano Suñer, tanto para aplacar la irritación de Hitler contra España, como para explorar el terreno. Suñer se entrevistó con Von Ribbentrop, el cual le apremió para que fijase una fecha concreta para la entrada de

España en la guerra; además, calificó las pretensiones de Franco de improcedentes y excesivas. Serrano Suñer, por su parte, evitó todo compromiso firme e insistió en las condiciones impuestas por Franco.

Según el propio Serrano Suñer, su antipatía hacia Ribbentrop fue en aumento durante las negociaciones, tanto por su estúpida arrogancia como por sus métodos despóticos de querer siempre salirse con la suya. Sin embargo, Hitler le causó una impresión muy distinta. La primera entrevista celebrada con el Führer tuvo lugar el 17 de septiembre, y todo se montó cuidadosamente.

Hitler tuvo ocasión de señalar el poderío alemán y la eficacia con que todo funcionaba en el III Reich. Al final, Serrano Suñer casi huyó de Alemania, completamente agotado, en busca del ambiente mucho más cálido de Italia. Pero en las dos entrevistas que el enviado de Franco mantuvo con Hitler y en las celebradas con Von Ribbentrop, nada se puso en claro ni se llegó a ningún acuerdo concreto. Por eso, deseando inclinar de una vez por todas la balanza de su lado, Hitler decidió entrevistarse directamente con Franco.

La entrevista de Hendaya

Hitler se llevó una desagradable sorpresa, porque en su entrevista con Franco fue él quien llevó la peor parte, cosa insólita. Y el recuerdo de aquel fracaso los acompañó siempre mortificándolo.

Hitler se había tomado la molestia de efectuar un largo viaje a través de Francia y para llegar a Hendaya, en la frontera, y ya allí ofreció a España una ayuda inmediata para la conquista de Gibraltar. Naturalmente, Hitler era contrario a hacerle a Franco concesiones sobre el Marruecos francés, porque todavía quería seguir sirviéndose del Gobierno del mariscal Pétain. Confiaba, no obstante, en que lograría convencer al caudillo español por medio de halagos y promesas vagas.

Hitler da la primera palada para la construcción de la autopista Frankfurt-Darmstad, en septiembre de 1933.

Fue el 23 de octubre cuando los dos hombres de Estado se reunieron en Hendaya, y Hitler empezó a efectuar una impresionante exposición de la fortaleza alemana y de la posición desesperada ya de Inglaterra. Después, propuso la celebración de un tratado por el que España entraría en la guerra en enero de 1941. A cambio de esto, Gibraltar sería tomado por las tropas especiales que ya se habían apoderado de la fortaleza belga de Eben Esmael, y sería declarado otra vez territorio español.

Ante la irritación en aumento de Hitler, Franco no se dejó impresionar por lo escuchado. Al contrario, el caudillo insistió en pedir ayuda económica para España y equipamiento militar. Incluso llegó a decir que en el caso de que Inglaterra fuese conquistada, la guerra continuaría desde Canadá con apoyo norteamericano.

En un momento dado, Hitler, llameantes los ojos, se puso de pie, alegando que era inútil seguir conversando. Sin embargo, no tardó en calmarse y, volviendo a sentarse, reanudó la entrevista.

Dos horas fue retrasada la salida de los trenes y Von Ribbentrop permaneció hasta la mañana siguiente en Hendaya, con el fin de redactar un tratado que complaciese a los españoles. Pero ni Hitler ni Ribbentrop lograron que Franco pronunciase algo más que vagas promesas de colaboración, y el Führer tuvo que admitir por primera vez su derrota tras una entrevista que había durado nueve horas, «antes de pasar otra vez por la cual —le confió más tarde a Mussolini—, preferiría que me arrancasen tres o cuatro dientes».

Y mientras cruzaba de nuevo Francia, maldijo a Franco, «a ese cobarde y desagradecido de Franco, que nos lo debe todo y que ahora se niega a unirse a nosotros».

Muy distinta fue la entrevista que sostuvo con Pétain en Montoire al día siguiente. El mariscal sí aceptó colaborar con las potencias del Eje y a cambio, Francia recibiría una compensación territorial en África a costa de Gran Bretaña. Pétain, no obstante, estaba persuadido de que Hitler no cumpliría ninguna de sus promesas en caso de ganar la guerra. Por lo visto, Pétain conocía bien a Adolfo Hitler.

Philippe Petain (nacido en 1856 en Cauchy-à-la Tour). Durante la Primera Guerra Mundial intervino heroicamente en la defensa de Verdun (1916) en la que se estrellaron una y otra vez las ofensivas alemanas haciendo famoso el lema de «No pasarán» que después repetirían los republicanos españoles en la defensa de Madrid (1936-39). En 1917 fue jefe del Estado Mayor general del Ejército francés con el grado de mariscal. Tras el desembarco de Alhucemas (30 de septiembre de 1925) por el Ejército español, dirigió la campaña hispano-francesa en Marruecos contra el cabecilla rifeño Abd-el-Krim. Vicepresidente del Consejo de Ministros en el Gabinete presidido por Paul Reynaud, al dimitir éste, el 22 de junio de 1940, tras la derrota de Francia, tuvo que constituir un gabinete de crisis que solicitó un armisticio.

Para preservar al máximo la independencia de Francia, no tuvo más remedio que ceder al III Reich la mitad norte de la costa atlántica; de esta manera se convertía en «colaboracionista» por las circunstancias de los nazis. Desde Londres, el general Charles de Gaulle no aceptó la humillante rendición y fundó el Comité Nacional de la Francia Libre, anunciando que combatiría a los alemanes tanto en las colonias como en el propio territorio ocupado por la Wehrmacht. Pétain lo declaró en rebeldía, anunciando que si era capturado sería juzgado sumarísimamente y presumiblemente sentenciado a la última pena.

En su *Diario*, el novelista André Gide escribió: «En la noche de ayer, hemos escuchado con estupor a través de la radio, la nueva alocución de Pétain. Sospechamos que existe alguna trampa infame. ¿Cómo se puede hablar de que conservamos una Francia intacta después de haber entregado al enemigo más de la mitad del país?».

En 1945, la victoria aliada hizo volver las tornas y el propio De Gaulle montó a Pétain un juicio sumarísimo por traición que lo condenó a muerte, conmutándosele la pena por la de prisión perpetua en la isla de Yeu. En 1951, el Gobierno español de Franco —con quien Pétain, de ideología derechista, había mantenido buenas relaciones— se ofreció a otorgar asilo al anciano mariscal por motivos humanitarios. El Gobierno francés no se dio por enterado y el 23 de julio del año citado fallecía en prisión el que, de héroe nacional, había pasado a la condición de traidor.

CAPÍTULO XVIII

CONTINUACIÓN DE LOS ATAQUES ALEMANES

Fue en abril de 1940 cuando empezó la campaña alemana contra Noruega y Dinamarca, y en mayo del mismo año tuvo lugar el ataque contra Holanda, Luxemburgo, Bélgica y Francia.

La situación era favorable a la Alemania nazi, y Francia se apresuró a firmar un tratado de paz con las fuerzas de Hitler. Y fue en el mes de octubre, precisamente el día 28, cuando se produjo un hecho que si bien al principio no pareció tener graves consecuencias, sí las tuvo más adelante.

Ese día, Italia invadió Grecia, sin contar para nada con Hitler, más bien contrariando los deseos de éste. Fue una decisión de Mussolini, que deseaba así afirmar su independencia de acción, fuera del sometimiento a Hitler. En realidad, las relaciones entre el hombre fuerte de Italia y el de Alemania sólo fueron cordiales en la superficie, como se puso de manifiesto en la entrevista mantenida por los dos el 19 de julio de 1943, en Felke. Fue ésta una entrevista muy difícil y penosa para Benito Mussolini, particularmente cuando Hitler le espetó: «¡Es preciso poner todas las fuerzas italianas bajo el mando alemán! ¡Usted se halla rodeado de generales incapaces y de ministros traidores!».

Como resultado de la invasión de Grecia por las tropas italianas, Hitler se vio obligado a atacar a Yugoslavia y Grecia el día 6 de abril de 1941 y dejar para más tarde el ataque a la Unión Soviética.

Alemania estaba separada de Grecia por cuatro naciones: Hungría, Rumanía, Yugoslavia y Bulgaria, y Hitler necesitaba su conformidad para poder llegar a la frontera griega. Hungría y Rumanía aceptaron el estado de satélites de Alemania, y los trenes conduciendo tropas nazis estuvieron constantemente cruzando el territorio de esas naciones, hasta reunir un ejército de cerca de setecientos mil hombres. Alemania y Rusia se disputaban con viveza la influencia en Bulgaria. Pero ganaron los alemanes, cruzando el Danubio la noche del 28 de febrero desde Rumanía y empezando a ocupar posiciones clave por todo el país. Al día siguiente, Bulgaria se unió al Pacto Tripartito.

Yugoslavia, sin embargo, resultó más difícil. Hitler, en vista de ello, ejerció una fuerte presión sobre el Gobierno yugoslavo para que siguiese el ejemplo de sus convecinos y se uniera al Pacto Tripartito. Pero la noche del 26 al 27 de marzo, un grupo de oficiales yugoslavos se rebeló contra la decisión de su gobierno de adherirse al Eje, y dieron un golpe de Estado en Belgrado, en nombre del joven rey Pedro II.

Las tentativas de Ribbentrop y de otros para convencer a Hitler de que recurriese a medios diplomáticos en vez de emplear la fuerza fueron descartadas violentamente. En seguida se convocó en la Cancillería un consejo de guerra. Hitler estaba resuelto a aniquilar a quienes habían tenido la osadía de atravesarse en su camino, y tomó la decisión, en el acto, de aplazar unas semanas el ataque contra Rusia.

Era preciso improvisar las operaciones militares para aquella campaña nueva e imprevista. Hitler escribió a Mussolini, pidiéndole que suspendiese por algunos días las operaciones de Albania y cubriese la frontera entre este país y Yugoslavia.

El día 5 de abril empezó el ataque a Yugoslavia, con la finalidad de destruir Belgrado. Los pilotos alemanes, volando a la altura de los tejados, bombardearon de forma sistemática la ciudad sin temor a verse atacados. Murieron más de diecisiete mil civiles. El día 17 de abril, el Ejército yugoslavo capituló.

Grecia hizo lo propio frente a los italianos. Las fuerzas británicas, que habían desembarcado en Grecia hacía poco menos de dos meses, empezaron su evacuación. Los tanques alemanes rodaron por las calles de Atenas. La guerra de los Balcanes, que había empezado por Mussolini como un intento para hacer una afirmación de su independencia, acabó siendo un triunfo alemán que eclipsó completamente al socio italiano.

Y fue precisamente en el reparto de Yugoslavia donde se puso de manifiesto la auténtica relación que había entre Berlín y Roma. Hitler señaló las nuevas fronteras en una directriz que lanzó el 12 de abril. Ciano ignoró hasta el día 21 cuál sería la parte que le correspondería a Italia. Y precisamente a las reivindicaciones de Italia se les dio un trato igual que a las de los demás satélites, y el «Duce» tuvo que aceptar por fuerza las decisiones del Führer.

La guerra en África

Por otro lado, el curso que tomaron los acontecimientos en el norte de África recalcó todavía más la dependencia en que Italia estaba en relación con Alemania. Los continuos fracasos de Italia para frenar el avance de los británicos trajeron como consecuencia que Hitler se mostrara preocupado.

Así, Hitler ordenó que se trasladase una división acorazada desde los Balcanes, y consiguió que Mussolini aceptase la creación de un mando unificado de todas las fuerzas mecanizadas y motorizadas del desierto, mando que estaría en manos de un general alemán: Rommel. Este general no sólo sorprendió a los británicos, sino también al Alto Mando alemán. En pocos días reconquistó los territorios perdidos por Italia.

Estados Unidos entra en la guerra

La bomba explosiva estalló cuando en la madrugada del día 7 de diciembre de 1941, inesperadamente, al menos para el Alto Mando militar norteamericano, se produjo el ataque japonés contra la flota de Estados Unidos anclada en Pearl Harbour, iniciándose con ello la guerra del Pacífico.

Alemania, a raíz de este ataque, declaró la guerra a Estados Unidos de América, el 11 de diciembre de 1941. Y si los anteriores ataques contra distintos países y regiones sólo habían sido guerras aisladas, esta declaración bélica significó efectivamente el comienzo de la Segunda Guerra Mundial.

Al mismo tiempo, se declaró el estado de guerra en Cuba, la República Dominicana, Nicaragua y Guatemala, para seguir al día siguiente con el estado de guerra con Honduras, El Salvador y Haití.

Unos días más tarde, Hitler asumió la jefatura suprema del Ejército alemán, tras destituir al mariscal de campo, Von Brauchitsch.

Los campos de concentración

Los campos de concentración funcionaban en Alemania desde que Hitler había asumido el poder supremo de la nación. Teniendo en cuenta su odio hacia los judíos, no hay que dudar quiénes debían ser los prisioneros de tales campos, más de exterminio que de concentración.

Treblinka, Dachau, Auschwitz... nombres son ésos que todavía hoy llenan de horror los corazones de quienes han leído las horribles matanzas, los terribles experimentos, los espantosos suplicios, las macabras cámaras de gas, donde se realizaba la solución final para el problema judío.

Pero no fueron solamente los judíos quienes sufrieron tales tormentos, tan tremendo final, sino también los disidentes del nazismo, los polacos cuyo único pecado era haber nacido en Polonia, muchos españoles, franceses, austriacos, belgas, holandeses, incluso turcos y árabes... Seis millones de judíos hallaron la muerte en aquellos horribles campos de concentración, pero fueron más, muchos más los que padecieron en los mismos. Y fuera de ellos también, en las fosas cavadas

138

por las propias víctimas, en Polonia, en Checoslovaquia, en los países ocupados por las fuerzas de Alemania.

Los nombres de Mengele, de Eichmann, de Thören y otros muchos, cuyos experimentos sádicos estremecen de horror a cualquier ser normal, han quedado grabados en la Historia con caracteres sangrientos, como la máscara fidedigna del mal y el auténtico satanismo.

Fue Himmler el verdadero auspiciador de esos campos de espanto; Himmler, el alma negra de Hitler, quien, en tanto su amo se hallaba ocupado en los asuntos de guerra, se dedicaba con fruición a enviar víctimas, cada día en grupos mayores, a esos campos de exterminio.

Continúa la guerra

Todo el proceso de la guerra es harto conocido para que insistamos más en ella. La invasión de Rusia, con las fatídicas batallas de Stalingrado, de Smolensko... La aparición del mismo «general invierno» que ya había derrotado a Napoleón, y que ahora se aliaba con los soviéticos para derrotar también a los ejércitos nazis...

Las invasiones de los aliados, tanto en el norte de África como en Normandía. El valor y el heroísmo de las divisiones enviadas a Europa y África. La llegada de las tropas norteamericanas a Sicilia y de allí a Italia, con la consiguiente caída del régimen fascista, y más tarde, la muerte del dictador italiano Benito Mussolini, asesinado junto a su amante Clara Petacci...

Pero antes de continuar, no es posible pasar por alto las conspiraciones que durante los años de guerra se fraguaron contra Hitler y su régimen, no amado por todos los alemanes, sino en realidad detestado por muchos.

Siempre cabrá preguntarse cómo el pueblo alemán pudo tolerar semejante situación y cómo asintió y secundó los episodios sucesivos coreándolos con indiscutibles oleadas de entusiasmo.

La oportunidad de Hitler debió de consistir sin duda en el estado psicológico de un pueblo corroído por la misma humillación, obsesionado por el mismo afán: el renacimiento nacional a cualquier precio y el anhelo del desquite de la Primera Guerra Mundial.

La Alemania de 1933, como la de 1923, era un país doliente y desesperado, amargado por la derrota de 1914-18, pero había otros pueblos también dolientes, también amargados y víctimas de la crisis, aunque no lanzados a la aventura; además, de aquella guerra, los alemanes eran, según los aliados, los máximos responsables. Hitler supo expresar mejor que nadie el espíritu, el rencor, la agresividad y las apetencias que se incubaban en el alma de sus compatriotas. No es que fascinara a las masas con su magnetismo personal, sino que vibraba con ellas e interpretaba sus sentimientos e instintos más profundos y primitivos.

Cuando prometió ricas tierras y esclavos del Este, cada alemán se vio ya propietario y señor de tierras y de campesinos rusos y ucranianos.

Hitler lograba subyugar así a las multitudes y hacía estallar sus pasiones, se compenetraba con ellas y las arrastraba a un éxtasis, hasta el punto crítico en que los individuos sólo forman una muchedumbre que no piensa ni razona. Mas para ello era preciso contar con un auditorio así.

Las alemanas histéricas enloquecían por el «bello Adolfo». Todo hipnotizador tiene éxito con sujetos hipnotizables. Finalmente, hemos de recordar que no todo fue obra de la habilidad de los nazis, de su espectacularidad política y de su propaganda obsesionante. El antiguo militarismo prusiano se había mantenido vivo durante la República de Weimar, con su ciega veneración hacia el Estado y el culto a la disciplina.

Al estallar la Segunda Guerra Mundial, Alemania parecía un país perfectamente preparado en todos los terrenos: político, socioeconómico y cultural, al menos para una campaña

Hitler como orador subyugaba por la excepcional energía que sus gestos daban a la palabra.

de decisiones rápidas que, como otras veces había sucedido, no se paralizase ni se prolongase con exceso. Los mil años del III Reich que Adolfo Hitler prometiera al pueblo alemán se tradujeron en seis años de paz —muy relativa— y seis años de guerra absoluta con la derrota total y el fin de la Alemania unida por Bismarck setenta años antes.

CAPÍTULO XIX

CONSPIRACIONES CONTRA ADOLFO HITLER

Cuando cayó Mussolini en Italia, Hitler pensó que era una suerte que Alemania no fuese una monarquía, cuyo rey pudiese destituirlo. Estaba convencido de haber realizado una nazificación completa de su país, desde el Reischtag a los tribunales de justicia, por lo que no creía que existiese una oposición organizada contra el régimen.

Pero esto no era absolutamente cierto, pues en Alemania había todavía dos instituciones que mantenían su independencia.

Una de dichas instituciones eran las Iglesias. Así, por ejemplo, fueron plenamente contrarios al régimen nazi los sermones predicados por el obispo católico de Munster, y los del pastor protestante doctor Niemoeller.

Los más fanáticos de entre los nazis, como el nefasto Martín Bormann, consideraban a los clérigos como auténticos abortos del infierno, toda vez que numerosos sacerdotes católicos y ministros protestantes mostraban su oposición al nazismo.

Sin embargo, las Iglesias, por sí solas, nada podían hacer para derrocar al régimen, pues para lograrlo era preciso que contasen con un apoyo, aunque fuese parcial, del Ejército. Las humillaciones de que Hitler hacía objeto a los militares abonaban el campo en la dirección de las sublevaciones y también de las conspiraciones. Sin embargo, los descontentos no eran muchos y, además, no estaban organizados.

Los motivos de la oposición militar eran diversos: algunos aborrecían la indudable inmoralidad del régimen; otros creían que si Hitler continuaba con su política expansionista arruinaría finalmente a la patria.

Entre los que discutían la posibilidad de terminar con Hitler y su régimen, se hallaban los dos individuos a los que siempre se ha considerado como dirigentes de la conspiración: el general Ludwig Beck, anterior jefe del Alto Mando del Ejército, y el doctor Karl Goerdeler, que había sido oberbürgermeister de Leipzig; un tercer individuo era el ex embajador en Roma, Ulrich von Hassell. También era una figura clave en las conspiraciones el general Hans Oster, ayudante del almirante Canaris, uno de los personajes más enigmáticos del régimen, en el Departamento de Contraespionaje de la OKW. Este departamento proporcionaba un sitio único para disimular una conspiración y Hans Oster reunió a su alrededor a un grupo de hombres decididos, entre los que se encontraban Hans von Dohnanyi y Justus Delbrück; dos abogados berlineses, Joseph Wirmer y Claus Bonhöffer, con el hermano de este último, Dietrich, junto con un pastor protestante y un catedrático de teología.

Una de las facilidades proporcionadas por el Departamento de Contraespionaje fue poder ponerse en contacto con los ingleses y norteamericanos para conocer cuáles serían las garantías de paz si era derrocado el Gobierno dictatorial de Hitler.

En el mes de mayo de 1942, Dietrich Bonhöffer se marchó a Estocolmo, entrevistándose con el obispo Bell, de Chichester. Este obispo entregó toda la información que le pasó el conspirador al Gobierno británico, y acto seguido se iniciaron los contactos a través de Allen Dulles, jefe de la OSS norteamericana en Suiza.

A pesar de todo, estos contactos no dieron ningún resultado positivo. Los aliados no se fiaban mucho de los conspiradores, y éstos se vieron obligados a continuar su tarea sin contar con la ayuda extranjera, especialmente después de la petición de rendición incondicional expresada en la Conferencia de Casablanca, en junio de 1943.

Después de mil discusiones entre los conspiradores más o menos decididos a terminar con el régimen nazi y su valedor, los más fanáticos comprendieron, después de la derrota de Stalingrado, que era preciso asesinar a Hitler lo antes posible.

El primero de los atentados se planeó entre febrero y marzo de 1943. Un reciente conspirador fue el general Olbricht, jefe de la Oficina General del Ejército, que ostentaba el cargo de comandante en el Ejército de Reserva. Olbricht estaba decidido a usar dicho Ejército para dar un golpe de Estado durante la confusión que se produciría tras el asesinato de Hitler. Este golpe estaría a cargo del teniente general Henning Tresckow, y de Schlabrendorff, un joven teniente de su división.

El atentado se llevó a cabo el 13 de marzo de 1943, al visitar Hitler el cuartel general de Kluge, en Smolensko. Tresckow y Schlabrendorff pudieron colocar una bomba en el avión que llevaría a Hitler de regreso a Prusia oriental, pero debido a una suerte infernal (nunca mejor empleado el calificativo), la bomba no estalló.

Schlabrendorff, con un dominio maravilloso de sí mismo, viajó en avión rápidamente hacia el cuartel general de Hitler y recobró la bomba antes de ser descubierta. Luego, la destruyó en el tren de regreso a Berlín.

A finales de 1943 se planearon unos seis atentados contra Adolfo Hitler, sin que ninguno de ellos diera el fruto apetecido. Mientras tanto, los agentes de la Policía de Himmler, pese a su escasa eficacia en seguir las huellas de los conspiradores, se iban acercando peligrosamente a ellos.

En abril de 1943 fue arrestado Dietrich Bonhöffer, y poco después Joseph Müller y Hans von Dohnanyi. Como muchas pistas conducían al Departamento de Contraespionaje, en diciembre de 1943 tuvo que dimitir el general Oster.

El conde Von Stauffenberg

Este conde fue la nueva personalidad que entró a formar parte del grupo de conjurados.

Klaus Phillip Schenk, conde de Stauffenberg, procedía de una familia antigua, en cuyo seno nació en 1907. Amaba los caballos y los deportes al aire libre, siendo también amante de la música y la literatura, mas a pesar de estas aficiones al fin se dedicó a la carrera de las armas. Tras varios años en un regimiento de caballería pasó al Estado Mayor y sirvió como oficial en Polonia, Francia y Rusia.

Estando en la Unión Soviética fue donde empezó a tener dudas acerca de Hitler, hasta que al fin llegó al convencimiento de que era él el predestinado para exterminar al «monstruo».

De este modo ingresó en el grupo conspirador de Tresckow y Schlabrendorff. Stauffenberg había perdido un ojo, la mano derecha y dos dedos de la otra mano en la campaña de Túnez, pero esto todavía le sirvió de acicate para sus planes, y con gran afán empezó a preparar un nuevo golpe de Estado con el grupo berlinés de Olbricht.

El nuevo plan adoptó el nombre de «Operación Walkiria», y para el mismo se abocetaron una serie de órdenes y directrices que serían firmadas por Beck en calidad de nuevo jefe de Estado y por Goedeler, como canciller.

Con la ayuda de hombres de toda confianza, hombres repartidos en el cuartel general de Hitler, en Berlín y en el Ejército de Occidente, Stauffenberg esperaba obligar a entrar en acción a los mandos del Ejército, una vez liquidado Hitler. Y a pesar de su mengua física, fue el propio Stauffenberg el que se adjudicó el papel de asesino.

Los conspiradores estaban jugando contra el tiempo. En efecto, los agentes de Himmler se movían certeramente y en 1944 efectuaron diversos arrestos, entre ellos el de Von Moltke, un conspirador de 38 años de edad, procedente de la Academia de Rhodes en Oxford, y portador de un nombre antiguo y famoso en la historia militar de Alemania.

Fue entonces cuando llegó la noticia del desembarco aliado en Normandía. Stauffenberg fue cogido de sorpresa por este hecho, y los conspiradores consideraron si debían proseguir con sus planes. Con los ejércitos norteamericano y británico, y los rusos presionando por la espalda a Alemania, aunque asesinasen a Hitler, ¿querrían los aliados firmar una paz honrosa? Pero Tresckow respondió a la pregunta de Stauffenberg diciendo:

> *El asesinato debe intentarse cueste lo que cueste. Aunque falle, hemos de intentar tomar el poder en la capital. Tenemos que demostrar al mundo y a las futuras generaciones que los hombres de la Resistencia alemana fueron capaces de adoptar la última decisión y arriesgar sus vidas por ella. Comparado con este objetivo, nada debe importarnos.*

Por suerte, a finales de julio Stauffenberg fue ascendido a coronel y nombrado jefe de Estado Mayor del comando del Ejército de Reserva, lo que le permitía enviar órdenes en nombre del comando y tener frecuente acceso a Hitler, que se hallaba muy interesado en encontrar reemplazos para sus pérdidas en Rusia.

Pero el tiempo apremiaba. El 4 de julio fueron arrestados Julius Leber y Adolfo Reichein al intentar contactar con un grupo de comunistas alemanes. El 17 de julio fue firmada la detención de Goedeler.

Stauffenberg ya había realizado dos tentativas para asesinar al Führer. El día 11 de julio asistió a una conferencia en Berschtesgaden, la residencia favorita de Hitler en los últimos tiempos, llevando una bomba en su carpeta de informes, mas como no estaban presentes ni Himmler ni Goering, a los que consideraba tan criminales como Hitler, decidió aguardar una mejor coyuntura.

Tuvo una nueva posibilidad cuando fue convocado a una conferencia de alto nivel en el cuartel general de Hitler, en la

Prusia oriental, pero el Führer tuvo que ausentarse inesperadamente. Al día siguiente, Stauffenberg sostuvo una entrevista con Beck, y convinieron ambos en que el atentado tendría lugar en la próxima ocasión, fuese cual fuese. Cuatro días más tarde, el 20 de julio, Stauffenberg se marchó a la Prusia oriental, en avión, decidido a que esta tercera oportunidad fuese la definitiva.

El atentado del 20 de julio

La situación militar en los frentes, después del desembarco en Normandía, la liberación de Leningrado, el cruce de las tropas rusas por la frontera polaca y la caída en manos rusas de poblaciones como Vilna, Minsk, Pinsk y Grodno, en la primera quincena de julio, tenían hondamente malhumorado a Hitler, y con razón.

El desembarco en Normandía pilló completamente por sorpresa al mando alemán, incluido Rommel, y la exigencia de Hitler de que toda decisión importante debía tomarla él en persona, retrasó la contraofensiva en aquel nuevo frente, por todo lo cual las relaciones de Hitler con los generales con mando en aquella zona fueron rápidamente de mal en peor. Hitler llamó a Rommel y al general Von Rundstedt para celebrar una conferencia el 17 de junio, en Margival, cerca de Soissóns.

Durante el almuerzo, según refirió Speidel, Hitler obligó a otro individuo a probar su plato de arroz y verduras antes de comerlo él. Durante toda la conferencia, dos guardias de las SS permanecieron detrás de la silla del Führer, el cual tenía ante sí una colección de píldoras y medicinas varias. Por la noche, Hitler salió hacia Berchtesgaden, y no volvió nunca más al frente. La partida la aceleró la caída de uno de sus cohetes V cerca del cuartel general.

Hitler vivió la primera quincena de julio de 1944 en Obersalzberg, regresando a mediados de mes al cuartel general de la Prusia oriental, donde tenía que recibir a Mussolini el día 20, por cuya razón había fijado la conferencia con sus oficiales, entre los cuales se encontraba Stauffenberg, para las 12:30 horas.

Stauffenberg fue allí volando desde Berlín, puesto que debía informar sobre la creación de nuevas divisiones en el frente, que era preciso sacar del Ejército de Reserva, del que era jefe. Llevaba sus documentos dentro de una cartera de mano, muy voluminosa, en la que se hallaba un mecanismo de relojería a punto de estallar a los pocos minutos de ponerlo en marcha.

Fue Keitel quien, empezada la conferencia, introdujo a Stauffenberg y lo presentó a Hitler. No se hallaban presentes ni Himmler, ni Goering ni Ribbentrop, y Hitler estaba de pie a la cabecera de la mesa, sobre la que se inclinaba a menudo para estudiar los mapas sobre ella extendidos, teniendo a su izquierda a Jodl y a Keitel.

Stauffenberg se sentó cerca de Hitler, con el coronel Brandt a su derecha. Luego, colocó la cartera debajo de la mesa, después de poner en marcha el mecanismo oculto. A continuación alegó que debía conferenciar con Berlín urgentemente, y abandonó la sala. Apenas unos dos minutos más tarde, se produjo una fragorosa explosión que sacudió todo el edificio, derribó varios muros y prendió fuego a los restos que cayeron encima de los conferenciantes.

Hitler salió tambaleándose por la puerta de la estancia, tras perder una pernera del pantalón, cubierto de polvo y con algunas heridas de poca consideración. Una viga le había magullado la espalda, y sufría daños en los tímpanos auditivos, pero seguía con vida. Le había protegido en parte el tablero superior de la mesa y la gruesa divisoria de madera que lo sostenía, arrimada a la cual había colocado Stauffenberg la cartera.

Por la tarde, pese a su estado físico, Hitler recibió a Mussolini, al que enseñó la sala de conferencias después de la explosión, y aprovechó la ocasión para destacar que con toda seguridad la Divina Providencia le había vuelto a salvar la vida para que pudiera cumplir su glorioso destino. A lo que el «Duce» asintió, tal vez no demasiado convencido.

Consecuencias del atentado

Los conspiradores aguardaban la muerte de Hitler reunidos en Berlín, para actuar en consecuencia. También se aguardaba en París, donde el jefe de la Policía y gobernador militar de Francia, general Heinrich von Stülpnagel, junto con algunos hombres adictos, estuvo a punto de triunfar, puesto que al recibir desde Berlín la noticia (errónea) de la muerte del Führer, puso en marcha su plan, haciendo arrestar a 1.200 hombres de las SS y SD, y el Ejército se puso inmediatamente al mando de la situación.

Pero tanto en Berlín como más tarde en París, todo se vino abajo cuando llegó la noticia de que Hitler había salido ileso del atentado, que primero se pensó era la explosión de una bomba lanzada desde un avión aliado.

Stauffenberg, Olbricht y otros dos oficiales fueron fusilados en el patio del cuartel de la Bundlerstrasse.

No es seguro, aunque sí muy probable, que el mariscal Rommel, el «león del desierto», estuviese enterado de la conspiración del 20 de julio, pero afortunadamente para él, si bien de poco sirvió, el 17 de aquel mes, cuando regresaba en su coche desde el frente, fue atacado por los cazas ingleses y resultó herido de gravedad. Por este motivo, Rommel estaba inconsciente en una cama del hospital aquel día 20, y el mando supremo del Oeste y el grupo de los ejércitos B se hallaba en manos del mariscal Von Kluge.

Pese a esta coartada ofrecida por el destino a Rommel, en otoño de aquel año Hitler tenía ya pruebas suficientes para sospechar la participación del mariscal en la conjura contra su vida, y así fue cómo después de curar de sus heridas, Rommel recibió un ultimátum del Führer, dándole a escoger entre el suicidio y la comparecencia ante el Tribunal del Pueblo. Rommel eligió el suicidio, que llevó a cabo rápidamente, aunque para evitar maledicencias y rumores, se achacó la muerte a un fallo cardiaco, y al cadáver se le tributaron los honores de ordenanza.

Fueron muchos los militares que murieron por orden de Hitler, después del atentado frustrado, no recatándose en afirmar su desconfianza en el Ejército, a pesar de las purgas llevadas a cabo. En conjunto, fueron sacrificados más de 5.000 individuos, entre conjurados y personas inocentes. Otros muchos millares fueron llevados a campos de concentración.

Hitler mismo lo anunció en una alocución radiada después de la medianoche del 20 de julio, en cadena desde Prusia oriental, emisión en la que todos los alemanes pudieron oír la voz emocionada del Führer.

> *Si hoy os hablo es, en primer lugar, para que escuchéis mi voz y sepáis que me encuentro bien y sin daño alguno; y en segundo lugar, para informaros de un crimen sin parangón en la historia de Alemania. Una mínima pandilla de oficiales ambiciosos, irresponsables y también insensatos y estúpidos, se había confabulado para eliminarme a mí y al Alto Mando de las fuerzas armadas.*
>
> *La bomba colocada por el coronel Von Stauffenberg estalló dos metros a mi derecha. Uno de mis acompañantes falleció; otros colegas muy queridos resultaron con heridas graves. Respecto a mí, sólo sufrí unos arañazos, magullamientos y quemaduras carentes de importancia. Considero esto como una confirmación de la labor que me ha impuesto la Providencia.*
>
> *Este grupo de conspiradores es muy reducido y nada tiene en común con el espíritu que anima a la Wehrmacht alemana y, ante todo, nada tiene que ver absolutamente con el pueblo alemán. En consecuencia, ordeno ahora que ninguna autoridad militar,*

ningún comandante y ningún soldado raso obedezca
mandato alguno que emane de ese grupo de conspi-
radores. También ordeno que detengan, o si se resis-
ten, fusilen en el acto a todo el que dicte o actúe de
acuerdo con tales mandatos.

Como se dijo, aparte de unos cuantos a quienes salvó su buena fortuna, todos los que habían tomado parte activa en la conspiración, tanto civiles como militares, fueron detenidos y ahorcados. Muchos, ni siquiera se contaban entre los implicados, pero Hitler aprovechó la ocasión para librarse de algunos individuos que sabía contrarios a su persona y al régimen.

CAPÍTULO XX

LAS ENFERMEDADES
DE ADOLFO HITLER

Hitler no fue en realidad una persona sana, médicamente hablando. Por ejemplo, cuando en 1925 abandonó la cárcel de Landsberg le temblaban el brazo y la pierna izquierdos, moviendo dicho brazo con cierta dificultad.

En 1931, a raíz del suicidio de su gran amor, Geli Raubal, padeció una gravísima depresión, que le llevó a pensar en poner fin a su existencia. A partir de aquel instante, como protesta, negose a comer carne, si bien más adelante tuvo motivos para lamentar tal decisión.

Si hasta 1931 había comido carne y bebido cerveza, aquel año se convirtió al vegetarianismo. Luego, cuando en 1934 fue nombrado canciller del Reich, le efectuaron un reconocimiento exhaustivo en el hospital Westend de Berlín, sin hallarle ningún mal orgánico.

Pero en contra de este diagnóstico, desde 1935 Hitler empezó a experimentar graves dolores de estómago, y pensó que estaba muy enfermo. Esto se debía, según el dictamen médico, a un régimen de comidas a todas luces insuficiente. Dormía muy mal y se quejaba de molestias cardiacas. Al mismo tiempo, estaba preocupado por la ronquera constante que padecía, él, cuya voz tanto había cautivado a las masas.

Más tarde le fueron extirpados unos pólipos de las cuerdas vocales, de carácter benigno. Fue por el año 1936 cuando conoció al doctor Theo Morell, especialista en enfermedades venéreas y de la piel. Se lo había presentado Heinrich Hoffmann, el cual, casi en calidad de bufón de la corte, visitaba a Hitler los fines de semana y a veces comía con él.

Hitler, asimismo, y desde 1935, necesitó gafas, y sufrió una estomatitis tratada con vitamina C y enjuages antisépticos. Solía tener sucia la lengua; padecía de presión arterial alterada y tenía dilatado el ventrículo izquierdo. A menudo aparecían abotargados los rasgos faciales. Después de las comidas, también solía sufrir fuertes dolores gástricos.

Se trataba, por consiguiente, de una serie de molestias más que de dolencias, pero él empezó a pensar que moriría pronto. A partir de 1937 empezó a dolerle el corazón, por lo que temía morir de improviso «sin dejar su tarea acabada». Por todo esto, en 1937 redactó ya un testamento político, al que algo más tarde, exactamente el 2 de mayo de 1938, siguió otro privado escrito de su puño y letra.

El doctor Juan Antonio Vallejo Nájera escribió un magnífico artículo (*Nueva Historia,* núm. 1, Madrid, febrero de 1977) sobre la locura de Adolfo Hitler. En él cita también las suposiciones sobre su impotencia por herida de guerra (cosa que también llegó a atribuírsele a Franco). Y también, la falta o atrofia de un testículo desde su nacimiento (lo que no impide la unión sexual ni la procreación) o por enfermedad (orquitis).

Un cuadro clínico

Fue el biógrafo Werner Maser quien hizo un estudio exhaustivo de las enfermedades de Hitler, así como de los medicamentos recetados por el susodicho doctor Morell. Y es de él de quien tomamos el siguiente cuadro clínico, como resultado de las pruebas efectuadas en el paciente «A» (así denominaba Morell a su ilustre paciente), si bien los análisis los llevó a cabo el doctor Nissle:

— 9-I-1940: cuadro sanguíneo normal.
— Pulso: 72.

Concentración anual en Múnich de la Vieja Guardia del Nacional-socialismo, con Hitler de presidente.

— Presión arterial: 140/100.
— 11-I-1940: azúcar y albúmina en la orina = negativo.
— Urobilinógeno = elevado.
— Wassermann (reacción para lúes) = negativo.
— Sedimento urinario: escaso, carbonato cálcico.
— Leucocitos aislados.
— 15-I-1940: azúcar en orina = negativo.
— Kahn (reacción para lúes): negativa.

Era cierto que la tensión arterial solía aumentarle frecuentemente, y en los instantes de excitación Morell llegó a medirle de 170 a 200 mm de presión sistólica, y 100 mm de diastólica, o 140 mm si Hitler estaba calmado, cuando la tensión diastólica normal hubiera debido ser de 90 mm como máximo.

De todos modos, Hitler no tenía ninguna enfermedad grave, pese a que él opinaba lo contrario. Finalmente, se sometió a otro reconocimiento el 21 de diciembre de 1940. El resultado no fue exactamente igual al anterior:

— Albúmina en la orina = levemente opalescente, o sea positiva.
— Urobilinógeno = levemente elevado.
— Sedimento urinario = leucocitos muy aislados.
— Alguna cantidad de fosfato de aminiomagnesio.

A partir de este chequeo, Hitler quiso tener siempre un médico a su lado y se le acentuó la hipocondría.

Una locura «tipo»

En 1941 se le empezaron a manifestar edemas en la tibia y toda la pantorrilla. Morell le recetó 10 gotas de cardiazol y coromina (fármacos muy de moda a la sazón) a la semana. Estos medicamentos actuaban en el sistema cardiovascular y respiratorio. Pero Hitler sufría de tensión arterial elevada, por lo que tales medicinas podían resultar peligrosas para el paciente. Además, Hitler también tomaba cafeína y pervitín, grandes estimulantes. Y todo esto hizo que el Führer sufriese una especie de deterioro de carácter. Sus pupilas adquirieron un peligroso brillo, se tornó agresivo y sus declaraciones y discursos empezaron a ser exagerados en todo cuanto decía o amenazaba.

Así, por ejemplo, el 4 de setiembre de 1940 pronunció en el nuevo Palacio de Deportes de Berlín un discurso propagandístico en el que arremetió contra las victorias obtenidas por Churchill, Eden, Chamberlain y Duff Cooper, y les llamó charlatanes y gallinas, amenazando a Inglaterra con lanzar sobre la isla más de un millón de kilos de bombas en una sola noche, aunque luego, «cuando volvió a la cordura, hizo rebajar la cifra a unos 400.000 kilos».

Constantemente se hallaba excitado, y en cambio, se negaba a ver la realidad. Trazaba planes de un futuro glorioso para Alemania y para sí mismo, y con sus ojos febriles y sus ademanes cortantes, nerviosos, parecía querer dominar al destino.

En cierta ocasión, discutiendo con Ribbentrop, llevose las manos al corazón y declaró que estaba seguro de morir en aquel instante.

Fue en otro de sus ataques, exactamente en julio de 1941, cuando encargó la «solución final», siendo desde entonces cuando Eichmann, Mengele y Höss, entre otros, estudiaron en los campos de concentración los métodos más racionales de exterminio: fusilamiento y al fin las cámaras de gas. Y el mismo Himmler, íntimo colaborador de Hitler, desde 1941 empieza a considerarle un hombre enfermo, y *sotto voce* hace sondeos entre los ingleses, mediante intermediarios suizos, acerca de una propuesta de paz, cuyo interlocutor no sería ya Hitler sino él mismo.

Es muy posible que su verdadero estado físico influyese en los enormes fallos que cometió como jefe supremo de las fuerzas armadas durante la Segunda Guerra Mundial. La falta de nutrientes en las comidas (cada vez comía menos), el

157

esfuerzo físico y mental y las derrotas sucesivas en los frentes durante el año 1944 iban minando su cuerpo, y «convirtieron su vida en una auténtica pesadilla».

Fue el 14 de mayo de 1944 cuando perdió Crimea, y un par de días más tarde dispuso que se lanzasen cohetes contra Inglaterra. A partir de aquel momento aumentaron sus dolores gástricos y fue en aumento asimismo su debilitamiento físico.

Era siempre Morell quien le suministraba los medicamentos, al que más tarde se lo reprocharon por ser «drogas de efectos rápidos» o «remedios secretos fantásticos». En realidad, lo mismo que hacía Mengele, por ejemplo, en los campos de exterminio, hizo Morell con su paciente «A».

Hitler afirmó el 31 de agosto de 1944:

> *Si mi vida terminase ahora, sería para mí una auténtica liberación; se acabarían las preocupaciones, las noches de vigilia y los sufrimientos nerviosos.*

Luego, en setiembre de 1944, sin haberse curado por completo de las jaquecas que padecía desde agosto, que el doctor Glesing trataba con cocaína, Hitler cayó enfermo de ictericia. La piel adquirió un tono muy amarillento y la esclerótica del ojo se puso totalmente amarilla. Seguramente sufría una grave enfermedad hepática. Esto aparte, padecía dolor de muelas y perturbaciones cardiacas. Las angustias le roían el corazón. El 13 de agosto de aquel año, los aliados desembarcaron en la Riviera francesa; el 25, las tropas de De Gaulle entraron en París, y a finales del mismo mes, cayeron Grenoble, Tolón y Marsella. El 17 de septiembre, los ejércitos aliados llegaron a Arnheim y Nimwegen. Hitler estaba acabado y lo sabía. Fue entonces cuando le hicieron tres radiografías en el cráneo (electroencefalogramas) y el 24 de septiembre, un electrocardiograma, que confirmó, aparte del endurecimiento de los vasos coronarios (arterioesclerosis), una alteración en la formación de estímulos y una hipertrofia del ventrículo izquierdo. Es muy posible que hubiera sufrido un infarto, aunque ello no está confirmado.

Desde 1944, su estado físico, así como el moral, fue debilitándose progresivamente. Le fallaba la memoria, repitiendo preguntas y palabras. Glesing se dio cuenta en febrero de 1945 de que Hitler «era una verdadera ruina humana». Pese a su carácter autocrático, autoritario en grado excepcional, empezó ya a aceptar reproches y sugerencias. Hitler mantuvo una conferencia de dos horas con el general Guderian, sustituto de Rommel, y éste decribió del modo siguiente el aspecto de Hitler:

> Temblándole todo el cuerpo, con las mejillas enrojecidas por la ira y con los puños en alto, estaba frente a mí, totalmente fuera de sus casillas. A cada ataque de ira se paseaba nervioso por el borde de la alfombra, para luego detenerse a mi lado y seguir lanzándome reproches. Se desgañitaba, los ojos se le salían de las órbitas y las venas de las sienes se hinchaban peligrosamente.

En aquella conversación, Guderian se mantuvo firme en sus propósitos, y Hitler, repentinamente, sonrió y exclamó: «Por favor, continúe con su informe. El Estado Mayor ha ganado hoy una batalla».

Hacia el final

A principios de abril de 1945, el doctor Max de Crinis, que en realidad jamás reconoció a Hitler, aseguró que éste padecía la enfermedad de Parkinson, lo cual encajaba perfectamente en el plan de Himmler, que quería obligar al Führer a dimitir, y encarcelarlo o matarlo. Sin embargo, no había llegado el momento propicio, por lo que aceptó la sugerencia de Crinis de administrarle a Hitler un medicamento preparado por él a través de Stumpfegger, pero Hitler seguía dominando la situación y aquél no le dio el fármaco.

El 21 de abril de 1945, Theo Morell abandonó Berlín y con ello al paciente «A», quien ya estaba dispuesto para el final.

Hitler conocía perfectamente, tal vez mejor que el propio Morell, las drogas que tomaba, y es muy posible que los altibajos que presentó en sus últimos días se debieran a los distintos medicamentos que él mismo se administraba.

El 22 de abril, Eva Braun, su fiel compañera, le escribió a su amiga Herta Ostermays: «Él ha perdido la fe». Al día siguiente, cuando la situación fue aún más angustiosa, volvió a escribir: «Creo que él también ve ahora más claro su futuro».

Hitler se suicidó dos días más tarde, junto con Eva, aunque nunca logró demostrarse que se envenenase. También Theo Morell murió poco después, pero antes entregó a los norteamericanos toda la documentación que poseía referente a las enfermedades sufridas por «su» Führer, al que llegó a conocer mejor que nadie.

Para darse cuenta de la ingente serie de medicamentos que Hitler llegó a tomar en las fases más agudas de sus enfermedades, y también fuera de ellas, Werner Maser cita una lista de aquéllos, que en realidad resulta impresionante. Nada menos que 31 fármacos (drogas de dependencia en su mayoría) figuraban en la lista, desde Brom-Nervacit, que es un somnífero y tranquilizante a base de bromuro potásico, sodiodietilbarbitúrico y piramidón, hasta Vitamultin-Calcium (A, B-complejo C, D, E, K, P) en combinación con otros medicamentos, en forma de inyectables.

A todos estos fármacos hay que añadir también las pastillas «doradas» de Vitamultin, elaboradas por Morell, a base de pervitin y cafeína.

Hitler, por tanto, fue un hipocondríaco a principios y mediados de su carrera, pero al final sus temores tuvieron plena confirmación. De todos modos, está casi demostrado que una de las enfermedades que creyó padecer, la de Parkinson, no la sufrió en realidad, aunque sí padeció una dolencia sumamente grave que suele dar lugar al mal de Parkinson: la encefalitis grave.

Hitler fue un perfecto conejillo de indias para los médicos y seguramente, tal vez de modo inconsciente, Morell se aprovechó de ello. Y tal como le había pronosticado el mismo Hitler, murió poco después que su temido y temible paciente «A».

CAPÍTULO XXI
EL FINAL DE TODO

La Segunda Guerra Mundial tocaba a su fin. El almirante Nimitz había ganado su combate naval contra los japoneses en aguas del Océano Pacífico. Eisenhower se había cubierto de gloria, como los generales Marshall y MacArthur, invictos creadores de la gran victoria aliada.

A la penetración de los rusos en Polonia siguió la ruptura del frente de Francia por los americanos. El flanco izquierdo alemán se derrumbó, dando comienzo a la guerra de movimiento. Los alemanes tuvieron que retirarse detrás del Sena. Hitler, que se hallaba lejos del frente de batalla, en su cuartel general de la Prusia oriental, y que desconocía la superioridad de las fuerzas aliadas, sobre todo en el aire, se negó a tomar ninguna medida de retirada y dio, en cambio, la orden de contraatacar.

Los generales de las SS, que estaban al frente, fueron quienes protestaron más enérgicamente contra esta decisión, pues de fracasar quedaría debilitado el Ejército alemán en el Oeste.

Hitler anunció en una conferencia que celebró con tres de sus generales que estaba decidido a seguir luchando, costase lo que costase.

Así, Hitler hizo un llamamiento al pueblo alemán, pidiéndole otro nuevo esfuerzo. La imagen del Führer conservaba todavía fuerza bastante para convencer, y este convencimiento se veía estimulado, además, por el miedo.

Hitler seguía negándose a admitir lo desesperado de la situación. Así, era preciso seguir dominando Holanda occidental para lanzar desde allí las V-2, y también era necesario retener Hungría y Croacia porque necesitaba bauxita para los aviones de retropropulsión. También necesitaba seguir manteniendo sus bases navales en el Báltico y en Noruega para los submarinos.

El Ejército rojo inició su ofensiva en Polonia el 12 de enero, y las defensas alemanas quedaron completamente mermadas. A finales de mes, Zhukov, el mariscal soviético, estaba con sus tropas a menos de cien millas de la capital alemana, y la guardia territorial de Berlín fue mandada a sostener la línea del Oder.

Berlín, cementerio de Hitler

Hitler se instaló definitivamente en la Cancillería el 16 de enero de 1945, con su casa civil, de la que formaban parte como secretarias las señoritas Johanna Wolf, Christa Schroder y Gerda Daranowski, la cual se casó a finales de la guerra con el general Christian, y la señora Traudl Junge; los ayudantes de Hitler era Julius Schaub, su médico, el profesor Theodor Morell, y la cocinera vegetariana, señora Manzialy. Y también Eva Braun.

Esta mujer, Eva Braun, llegó al búnker el 15 de abril. Era una mujer sencilla, aficionada al cine, al esquí, a la lectura y al baile, cosa que le tenía prohibido Hitler. Mostraba un aspecto elegante, era delgada y con los cabellos rubios oscuros y las piernas muy bonitas. Se dice que Hitler la conoció cuando ella era dependienta de la tienda de fotografía de Hoffmann, uno o dos años después del suicidio o asesinato de Geli Raubal. Pertenecía a una familia de clase media de Baviera, que se opuso a las relaciones. Intentó quitarse la vida por dos veces, al no poder resistir el aislamiento al que

Hitler y Mussolini, en Múnich (1938).

le tenía sometida Hitler. Tampoco intervino en la política ni en la vida social.

Goebbels habló al pueblo el 6 de abril para anunciarle que la suerte cambiaría en el curso de aquel año, ya que los horóscopos habían señalado la paz para el mes de agosto.

El viernes, 13 de abril, en medio de un terrible bombardeo, Goebbels hablaba telefónicamente con Hitler para anunciarle la muerte de Roosevelt. Tanto en el búnker de la Cancillería como en el Ministerio de Propaganda se produjeron escenas inenarrables. La muerte de Roosevelt se consideró un designio de la Providencia.

El día 20 de abril, Hitler cumplió cincuenta y seis años. El acontecimiento se celebró en el refugio subterráneo de dieciséis metros de profundidad instalado en el patio de la Cancillería.

Hitler, al día siguiente, ordenó al general de las SS Félix Steiner que lanzara un contraataque con sus tropas para liberar los suburbios, mientras la *Luftwaffe* debía acondicionar los aeródromos. Este encargo se lo hizo al general Koller, jefe del Alto Estado Mayor del Aire.

El día 22 transcurrió en espera de noticias de la ofensiva de Steiner con el III Cuerpo blindado de las SS; la única noticia que se tuvo fue que los rusos habían entrado en Berlín. Hitler hizo saber al pueblo que tomaba personalmente el mando de la defensa de la capital.

La bandera roja ondeaba ya en la cúpula del Reichstag. Hitler, ayudado por uno de sus ayudantes de campo, logró destruir parte de los archivos. Himmler, de acuerdo con el general de las SS Walter Schellenber, había entrado ya en contacto con el conde Bernadotte para tratar de las condiciones de rendición de los ejércitos alemanes en el Oeste.

Para aquel día 22 estaba convocada una reunión de altos jefes militares. El general Koller no quiso asistir, enviando en su lugar al general Cristian; Koller, después de visitar a Jodl, marchó al cuartel general de Goering, el cual tras pedir consejo al secretario de Estado de la Cancillería, Lammers, se decidió a dar el último paso en su carrera política: suceder al Führer.

La furiosa declaración del Führer

Hay diversas versiones de los hechos ocurridos aquellos días finales de la vida de Hitler, pero todas, más o menos, coinciden en los rasgos principales. Así sabemos que la explosión tuvo lugar en medio de la conferencia, que duró más de tres horas, y de la que todos los participantes salieron agotados y abatidos. Con un gesto ampuloso, muy teatral, acusador, Hitler maldijo a todos por su cobardía e ineptitud, y añadió que había llegado el trágico final. No podía continuar y sólo le quedaba la muerte.

Albert Speer, que llegó a visitarlo en avión desde Hamburgo para confesarle que no había obedecido la orden dada por el Führer, de tierra calcinada, sintiose asimismo impresionado por el cambio sufrido por Hitler, mucho más sereno que la última vez que le viera, más «tocando con los pies en tierra». A Speer le repitió lo que ya les había manifestado a Keitel y a Jodl: que se pegaría un tiro en el subterráneo y que haría incinerar su cadáver para que no cayese en manos enemigas. Y esto lo afirmaba con gran sosiego, como algo que ya no debe discutirse siquiera.

De todos modos, tal vez debido a las drogas que seguía tomando, su humor continuó sufriendo altibajos de cólera y júbilo. Incluso llegó a albergar ciertas esperanzas de victoria, y prueba de ello fue la destitución de Goering.

Lo que le ocurría en realidad a Hitler, de manera indudable, era que, arrastrado a su pesar por los acontecimientos, por el derrumbamiento del III Reich, por los continuos ataques aéreos, por la defección de sus hombres, se hallaba a medio camino entre la cordura y la locura, sufriendo frecuentes arrebatos demenciales, en medio de estallidos de cólera irrefrenables, para sosegarse a continuación, seguramente bajo el influjo de los sedantes que tenía a su disposición en grandes cantidades.

Los rusos continuaban bombardeando la Cancillería el día 26 por la noche. A medida que el hormigón saltaba en pedazos, todo el refugio se estremecía. Era ya muy difícil oponer la menor resistencia. Los soviéticos se hallaban a menos de dos kilómetros de distancia, y el orgulloso Ejército de Hitler ya sólo era un grupo desharrapado de muñecos, que trataban inútilmente de salvar la vida.

Hitler continuaba esperando la llegada del general Wenck. Por fin, el instante más culminante, el que puso fin realmente a aquella insufrible situación, tuvo lugar la noche del sábado, 28 de abril. Cuando Hitler conversaba con Greim, le entregaron un despacho que fue el que le instó a poner fin a su carrera iniciada veintisiete años antes.

Aquel despacho decía que Himmler se había puesto en contacto con el conde Bernadotte, de Suecia, para tratar unas condiciones de paz. El despacho procedía de la agencia de noticias Reuter.

El testamento político de Hitler

Fue Walter Schellenberg, el general más joven de las SS, quien apremiaba desde hacía algún tiempo a Himmler para que tomase contacto con los aliados a fin de iniciar unas conversaciones de paz.

Pero Himmler no quiso comprometerse definitivamente, ni siquiera con ocasión de la visita de Bernadotte a Berlín en aquel mismo mes de abril.

Luego, la dramática conferencia del 22 de abril y la subsiguiente declaración del propio Hitler, según la cual la guerra estaba perdida y que él se suicidaría entre los escombros de la capital, le causaron a Himmler tanta impresión como a Goering.

Y el primero llegó a la conclusión de que intentar conseguir la paz no era ninguna traición ni a Hitler ni al régimen, sino un bien para Alemania.

Por eso, la noche del 23, cuando Hitler se enfurecía contra la traición de Goering, Himmler se marchó con Schellenberg a Lubeck, a fin de entrevistarse nuevamente con Bernadotte en el Consulado sueco.

No obstante, Bernadotte adujo que los aliados se negaban a una paz por separado, y en cambio exigían una rendición incondicional. Fue un golpe terrible para Hitler, y peor aún fue la noticia de que Himmler había tomado parte en aquellas negociaciones.

Hitler se enfureció más todavía ante la supuesta traición de Goering. Esta deslealtad de Himmler, y más que nada que hubiera obrado sin consultarle, fue un golpe demasiado certero para que el Führer pudiese resistirlo. Fue entonces, y sólo entonces, cuando decidió «en serio» suicidarse, pues aunque ésta era una determinación tomada desde bastante tiempo atrás, jamás había estado decidido a ponerla realmente en práctica. Ahora sí lo veía todo negro, todo perdido. Abandonado incluso por sus más íntimos amigos, por sus más fieles colaboradores, estaba ya solo ante el destino.

Tan pronto como recibió la noticia se encerró con Goebbels y Bormann, los dos únicos dirigentes que le quedaban. Hitler pensó primero en la venganza, y Bormann tuvo la última satisfacción de desplazar a Himmler, como hiciera ya con Goering, antes del derrumbamiento total del III Reich.

El representante de Himmler cerca de Hitler, Fagelein, fue detenido cuando trataba de escapar del bünker y de nada le sirvió estar casado con una hermana de Eva Braun. Fue interrogado estrechamente acerca de las traiciones de Himmler y luego fue fusilado en el patio de la misma Cancillería.

A continuación, fuera de sí, Hitler les dio a Greim y a la Reitsch la orden de salir de Berlín y buscar a Himmler, para arrestarlo a toda costa.

Greim y Hanna Reitsch salieron del refugio a las doce de la noche del domingo, 29 de abril. A partir de este momento, Hitler ya sólo prestó atención a sus asuntos personales. Entre éstos se hallaba la gratitud hacia su fiel compañera de los últimos años, y por eso quiso casarse con Eva Braun hacia las dos de la madrugada del día 29. La ceremonia la celebró, apresuradamente, Walter Wagner, del Estado Mayor de Goebbels. Como testigos firmaron Goebbels y Martín Bormann, a continuación de los contrayentes. Los recién casados volvieron a sus aposentos privados, donde, junto con sus amigos, bebieron champán y charlaron con nostalgia de los tiempos pasados y de la boda de Goebbels, en la que actuó Hitler como testigo. Después, Hitler se retiró con su secretaria Junge, y le dictó su última voluntad y su testamento político.

En este testamento se destituye a Goering y a Himmler de todos sus puestos del partido y los cargos que ostentaban en el Gobierno del Reich. Los acusaba de haber ocasionado a Alemania unos daños irreparables al intentar negociar con el enemigo y premiaba a Goebbels y a Bormann, ascendiendo al primero como nuevo canciller y al segundo como ministro del partido. Ministro de Exteriores era Seys-Inquart y Hange sucedía a Himmler.

El testamento se firmó a las 4 de la madrugada del domingo 29 de abril. Goebbels y Bormann fueron testigos por el partido, y Burgdorf y Krebs como representantes del Ejército. Hitler también firmó entonces su última voluntad, lo que constituyó un documento más breve y mucho más personal.

Como su sucesor, Hitler escogió al almirante Doenitz, que fue quien en realidad se rindió a los ejércitos aliados, siendo también él quien el día 1 de mayo proclamó por radio la noticia de la muerte del Führer, aunque mintió al decir que la muerte se había producido combatiendo al frente de sus tropas.

Una vez hubo dictados y firmados los dos documentos, Hitler intentó descansar unas horas. Goebbels también se retiró y se dedicó a redactar su última colaboración a la leyenda nazi, con un *Apéndice al testamento político del Führer.*

Tal vez Goebbels estuviese tan loco como Hitler, pues lo cierto es que, en contra de la voluntad de éste, negose a separarse de él y anunció: «Pondré fin a una vida que ya no tendría ningún valor para mí al no poder consagrarla al servicio de mi Führer».

Aquel domingo se tomaron medidas para sacar del refugio las copias del testamento político, escogiéndose a tres individuos que deberían intentar llegar al cuartel general del almirante Doenitz y del mariscal Scherner.

Aquel domingo, 29, también llegó al subterráneo la noticia de la muerte de Mussolini. Éste también había muerto junto a su amante, Clara Petacci, habiendo sido ambos fusilados por los guerrilleros junto al lago Como, el día 23 de abril. Un día muy significativo, en el que San Jorge había matado al dragón. Los cadáveres de Mussolini y la Petacci fueron enviados a Milán y colgados en la Piazzale Loreto.

Hitler, ante este suceso, decidió terminar cuanto antes. Y se hallaba firmemente convencido de no terminar como el dictador italiano. Ante todo, hizo matar a su perra Blondi, y en la madrugada del día 30 reunió en el pasillo a todo el personal del refugio. Estrechó las manos de todos los presentes. Poco después, Bormann le envió un telegrama a Doenitz, ordenándole que se procediese, «de forma sumaria e imparable», contra los traidores.

El día 30, por la mañana, Hitler recibió las últimas noticias acerca de la situación en Berlín y celebró su habitual conferencia.

Todo cuanto sucedió acto seguido se conjeturó en primer lugar por lo que fue hallado en aquel subterráneo, y en segundo lugar por declaraciones de los últimos testigos de aquel drama.

Los soviéticos estaban ya a sólo unas dos manzanas de distancia de la Cancillería. Hitler, tranquilamente, almorzó a las dos de la tarde con sus dos secretarias y su cocinera. Eva Braun no salió de sus aposentos, comportándose como si no ocurriese nada fuera de lo normal.

Después de comer, se le ordenó al chófer de Hitler, Erick Kempka, que llevase doscientos litros de petróleo al jardín de la Cancillería. Heinz Linge, ordenanza de Hitler, verificó el transporte.

Hitler y Eva fueron a despedirse por última vez de Goebbels y su familia, de Bormann, y de los demás ocupantes del refugio, tras lo cual, la pareja protagonista del drama penetró en sus habitaciones, cerrando la puerta. Al cabo de unos minutos, se oyó una detonación. Unos segundos más tarde, los que estaban en el pasillo empujaron la puerta. Hitler estaba tumbado en el sofá, después de dispararse un tiro en la boca. A su derecha se hallaba Eva Braun, muerta también, envenenada. Eran las tres y media de la tarde del lunes 30 de abril de 1945, diez días después de cumplir Hitler cincuenta y seis años.

Dos hombres de las SS sacaron de la habitación el cadáver de Adolfo Hitler, envuelto en una manta, y lo subieron hasta el jardín. La cabeza estaba tapada, pero los pantalones y los zapatos negros que correspondían a su uniforme colgaban fuera de la manta. Bormann cogió el cuerpo de Eva Braun y lo entregó a Kempka. Salieron al jardín, acompañados de Goebbels, Guensche y Burgdorf. Guensche, el ayudante de Hitler, vertió cinco recipientes de gasolina sobre los cadáveres y les prendió fuego con un trapo encendido.

En esos momentos, los soviéticos intensificaban su bombardeo y las granadas estallaban a cada momento sobre la Cancillería.

El nuevo Führer, el almirante Doenitz, que sólo duró una semana al frente del poder, habló al pueblo alemán, e insistió en el argumento de destruir a los bolcheviques como único objetivo militar de la lucha, advirtiendo que si los Aliados no entendían el significado de aquella decisión, serían considerados

*Hitler recibe en su cuartel general al «conductor» rumano Antonescu,
en 1941.*

también como enemigos, ya que en tales condiciones se demostraba claramente que combatían por la propagación del comunismo en Europa.

Pero el 2 de mayo Alemania empezó a capitular. Aquel día terminaron las hostilidades en Italia, donde el general Von Vietinghoff, sucesor de Kesselring, se rindió ante el general Devers.

El III Reich, el del milenio, estaba ya a punto de desaparecer. Berlín había sido tomado por los rusos frente al estupor del resto del mundo, que no entendía cómo Eisenhower se había retrasado tanto. En realidad, Eisenhower había pensado de otra forma y había dicho que Berlín no constituía un objetivo de particular importancia, pues su utilidad para los alemanes había quedado muy mermada.

Los últimos setenta mil defensores de Berlín se rindieron a los rusos tan pronto como empezó la fuga de los supervivientes del búnker.

En el momento de derrumbarse el III Reich, el Ejército contaba con unos dos millones de hombres repartidos entre el norte de Italia y los territorios austriacos de Voralberg, Tirol, Salzburgo y parte de Corintia y Estiria; el noroeste de Alemania, Dinamarca, las islas Frisonas y Heligoland, Noruega, la costa de Letonia, una parte de Holanda, Dunquerke, islas Normandas, Lorient, Saint Nazaire y La Rochela; también en siete islas del Dodecaneso, el territorio del nuevo Estado de Croacia y el Protectorado de Bohemia y Moravia, incluidas las capitales.

La primera capitulación importante llegó el 2 de mayo, con efectividad del día 6 a las ocho de la mañana, cuando los generales Von Viettinghof y Wolff firmaron en Caserta la entrega de seiscientos mil hombres de las guarniciones en Italia y Austria. El 4 de mayo se ofreció la capitulación del noroeste de Alemania y Dinamarca. Al día siguiente, el grupo de ejércitos del mariscal Kesselring rindió el norte de los Alpes. Y el 3 de mayo se presentó en el cuartel general de Montgomery el almirante Von Friedeburg, nuevo jefe de la Marina alemana, acompañado por sus ayudantes y por el coronel Poleck, para negociar la rendición del III Reich.

Así, tras la muerte de Adolfo Hitler, el III Reich sólo le sobrevivió una semana.

CRONOLOGÍA

1889 — El 20 de abril nace Adolfo Hitler en la posada Zum
        pommer de Brunau, Austria, a las 18,30.
     — Es bautizado el día 22 del mismo mes.

1903 — El 3 de enero fallece su padre.

1904 — Recibe el sacramento de la Confirmación el 22 de
        mayo, y ese día ve la primera película de su vida.

1905 — El 21 de junio su madre vende la casa que poseía
        en Leonding.

1907 — A las dos de la madrugada del día 21 de diciembre,
        muere su madre.

1908 — Recibe un legado importante de su madre, aunque
        él siempre lo negó.

1919 — El 12 de septiembre, por orden de la Comandancia
        núm. 4 de la Reichswehr, asiste a una reunión del
        Partido Obrero Alemán (DAP).

1919 — Ese mismo mes, ingresa en el DAP como socio n.º 555.

1920 — El 1 de enero se crea la primera oficina del partido en la Sterneckerbräu de Múnich.
— Golpe de Estado de Kapp los días 13/17 de marzo. El DAP pasa a llamarse NSDAP (Partido Nacional-socialista Alemán del Trabajo).

1921 — Retirada del NSDAP. Ultimátum a la dirección del Partido.
— Elegido Hitler primer presidente del NSDAP por decisión de una asamblea extraordinaria.

1922 — El 12 de enero es condenado a tres meses de cárcel por alterar el orden público (interrumpir una asamblea de la Liga de Baviera).
— El Gobierno de Baviera, el 10 de marzo, discute la expulsión de Hitler, aunque no se lleva a término.
— Del 24 de junio al 27 de julio, está recluido en la prisión de Stadelheim, Múnich, y obtiene la libertad anticipada.
— Del 14 al 15 de octubre asiste al Día Alemán, organizado en Coburgo. Persecución por las calles de los miembros de la oposición.

1923 — Celebración del primer Día del Partido, en Múnich, los días 27/29 de enero.
— El 15 de marzo se produce la recusación de las protestas contra la prohibición del NSDAP en varias regiones alemanas.

1923 — El 1 de mayo, incursión en Múnich de un grupo armado de las SA, aunque capitulan ante las fuerzas nacionales.

— Del 1 al 2 de septiembre, Día Alemán en Núremberg, con el general Ludendorff. Se funda la Liga Alemana de Asociaciones de Combate, a la que pertenecen otras organizaciones de extrema derecha.

— El 25 de setiembre es nombrado jefe político de dicha Liga.

— Se prohíben en Baviera, el 27 de setiembre, hasta catorce mítines del NSDAP.

— Del 8 al 9 de setiembre, se produce un golpe de Estado en Múnich, aunque fracasa gracias a las fuerzas nacionales.

— El 11 de noviembre, es hecho prisionero en Uffing, junto al Staffelsee.

1924 — Del 26 de febrero al 1 de abril, proceso de Hitler en Múnich.

— El 1 de abril es acusado de alta traición y condenado a cinco años de prisión.

— El 7 de julio renuncia a la dirección del NSDAP.

— El 20 de diciembre es puesto en libertad.

1925 — Es recibido por el primer ministro de Baviera, el 4 de enero.

— El 27 de abril presenta al Ayuntamiento de Linz (Austria) la solicitud para renunciar a la ciudadanía austriaca.

— El gobierno de la Alta Austria le concede el 30 de abril el permiso de expatriación. Apátrida hasta el 25 de febrero de 1932.

— Aparece el primer tomo de *Mi lucha*, el 10/11 de septiembre. El 11 del mismo mes se fundan las SS.

1926 — Subordinación de los nacionalsocialistas austriacos el 11 de mayo.

— Constitución el 1 de noviembre de una dirección suprema de las SA.

— El 10 de diciembre aparece el segundo tomo de *Mi lucha.*

1927 — El 30 de enero, el NSDAP logra dos de los cincuenta y seis escaños del Parlamento de Turingia.

— El 9 de octubre se efectúan las elecciones municipales en Hamburgo.

— Hasta 1930 se celebran elecciones municipales en toda Alemania, con triunfos del NSDAP en muchas localidades.

1930 — El doctor Frick, primer ministro nacionalsocialista, el 23 de enero.

— El 14 de setiembre, elecciones del Reichstag.

— El 15 del mismo mes, ante el Tribunal Supremo de Leipzig, Hitler jura que el NSDAP siempre estará dentro de la legalidad.

— El 5 de octubre es recibido por el canciller Brüning.

1931 — El 5 de enero, Ernst Röhem es nombrado jefe de las SA.

— El 13 de mayo, el NSDAP es ya la fracción más poderosa de un Parlamento regional.

— El 10 de octubre es recibido por el presidente del Reich, Von Hindenburg.

1932 — Es nombrado consejero gubernamental de Agricultura y Agrimensura de Braunschweig, el 25 de febrero.

— Candidato a presidente del Reich en la primera vuelta electoral del 13 de marzo. Obtiene el 30,23 % de los votos.

— El 10 de abril, en la segunda vuelta, obtiene el 36,68 % de los votos válidos.

— El 1 de junio, Franz von Papen es nombrado canciller sin tener la mayoría del Reich.

— El 4 del mismo mes queda disuelto el Reichstag.

— El 14 se autorizan las SA y las SS. Hitler se compromete a tolerar al Gobierno.

— El 13 de agosto, rechaza el cargo de vicecanciller.

1933 — Entrevista, el 4 de enero, con Hess, Himmler y Von Papen en casa del banquero Von Schroeder.

— El 28 de enero dimite el Gobierno de Schleider.

— El 30 del mismo mes es nombrado canciller Von Hindenburg.

— Se crea la escolta de las SS Adolf Hitler el 17 de marzo.

— 24 de marzo: Ley de Defensa del Pueblo y del Reich.

— 1 de abril: empieza el boicot a los comerciantes judíos.

— En 20 de julio, concordato con el Vaticano.

— El 19 de octubre Alemania se retira de la Sociedad de Naciones.

— 12 de noviembre: elecciones en el Reichstag, que pasa a ser un mero objeto decorativo.

1934 — 14-15 de junio: primera entrevista de Hitler con Mussolini en Venecia.

— Las SS se convierten en una organización independiente del NSDAP, el 20 de julio.

— El 2 de agosto muere Von Hindenburg y Hitler asume los títulos de Führer y canciller del Reich.

— El 19 de agosto se celebra el plebiscito para confirmar la jefatura del Reich alemán.

1935 — El 31 de enero, hay votación favorable a la devolución del Sarre a Alemania.

— El 16 de marzo se reinstaura el servicio militar obligatorio.

— El 18 de agosto se firma un tratado naval con Gran Bretaña.

— El 16 de septiembre se proclama la Ley de la Pureza de la Sangre.

1936 — El 7 de marzo se ocupa la zona desmilitarizada de Renania.

— Del 1 al 16 de agosto se celebra la XXI Olimpiada en Berlín.

— El 24 de agosto se impone definitivamente el servicio militar obligatorio, por dos años.

— 23 de octubre: eje Roma-Berlín. Pacto Antikommintern entre Alemania y Japón.

1938 — 4 de febrero: destitución del ministro de la Guerra, Von Blomberg, y del comandante supremo del Ejército, Von Fritsch.

— Hitler es nombrado ministro de la Guerra.

1938 — Destitución de Von Neurath, ministro de Asuntos Exteriores. Se nombra en su lugar a Von Ribbentrop.

— 11 de marzo: tropas alemanas entran en Austria.

— 13 de marzo: el Anschluss, o anexión de Austria.

— El 2 de mayo, Hitler redacta su testamento privado.

— Del 3 al 9 de mayo, entrevista en Roma con Mussolini.

— 16 de setiembre: se entrevista en Berchtesgaden con Chamberlain.

— 22-24 de septiembre: entrevista con Chamberlain en Godesberg.

— Discurso en el Palacio de los Deportes, el 26 de setiembre, reclamado por los Sudetes.

— 29 de septiembre: conferencia con Mussolini, Daladier y Chamberlain, en Múnich.

— 1 de octubre: entrada de tropas alemanas en los Sudetes.

— 9 de noviembre: la «noche de cristal». Agresiones a los judíos.

1939 — El 15 de marzo entran tropas alemanas en Checoslovaquia.

— El 16 de marzo anexión de Bohemia y Moravia.

— 23 de marzo: entrada de las tropas alemanas en el territorio de Memel.

— El 26 de marzo, Polonia rechaza la propuesta alemana de que devuelva Danzig.

— 22 de mayo: «Pacto de acero». Alianza de Alemania e Italia.

— En julio hay negociaciones con Rusia.

— El 23 de agosto se firma un pacto de no agresión con la URSS.

— Crisis germano-polaca.

1939 — El 1 de septiembre se produce el ataque alemán contra Polonia.

— El 3 de septiembre, Gran Bretaña, India, Australia, Nueva Zelanda y Francia declaran la guerra a Alemania.

1940 — Pacto de amistad germano-soviético, el 28 de septiembre.

— La Unión Sudafricana declara la guerra a Alemania, así como Canadá, el 6 de octubre.

— 8 de noviembre: fracasa el atentado perpetrado por Georg Elser contra Hitler.

— El 9 de abril empieza la campaña alemana contra Noruega y Dinamarca.

— 10 de mayo: ataques a Holanda, Luxemburgo, Bélgica y Francia.

— 22 de junio: firma de un tratado de paz con Francia.

— 23 de octubre: entrevista con Franco en Hendaya.

1941 — 6 de abril: ataque contra Grecia y Yugoslavia.

— 10 de mayo: ataque contra la URSS.

— 7 de diciembre: ataque japonés contra Pearl Harbour.

— 8 de diciembre: estado de guerra con China (gobierno de Chunking) y Francia (gobierno de De Gaulle).

— 11 de diciembre: Alemania declara la guerra a Estados Unidos, con lo que se inicia la Segunda Guerra Mundial.

— El 19 de diciembre, Hitler asume el mando supremo del Ejército alemán.

1942 — 20 de enero: conferencia de Wansee para hallar la solución final al problema judío.

— 7-8 de noviembre: desembarco de las tropas aliadas en África del Norte.

184

Los dos dictadores Hitler y Mussolini, cada uno con su uniforme peculiar.

1943 — 2 de febrero: batalla de Stalingrado.

— 13 de mayo: capitulación alemana en el norte de África.

1944 — 6 de junio: invasión aliada en Francia.

— 20 de julio: atentado de Staufenberg.

— 25 de septiembre: organización de la Milicia Popular.

— 15 de diciembre: empieza la ofensiva de las Ardenas.

1945 — 30 de enero: último discurso radiofónico.

— El 25 de abril las tropas norteamericanas y rusas se reúnen en Torgau, junto al río Elba.

— El 29 de abril se efectúa el matrimonio de Hitler con Eva Braun. Redacción del testamento político y privado.

— 30 de abril: suicidio conjunto en el refugio antiaéreo de la Cancillería.

ÍNDICE